BRUNELLO STANCIOLI
CAROLINA MARIA NASSER CURY

PARA ALÉM DAS ESPÉCIES
o status jurídico dos animais

www.editoradelrey.com.br

Editor: Arnaldo Oliveira

Editor Adjunto: Ricardo A. Malheiros Fiuza (*in memoriam*)

Diagramação: Studio Schaffer

Coordenação editorial: Letícia Neves

Revisão: Responsabilidade dos autores

Editora:
Rua dos Goitacazes, 71 – Lojas 20 a 24
Centro - Belo Horizonte-MG
CEP 30190-909

Comercial:
Tel.: (31) 3284-3284 | 3293-8233
vendas@editoradelrey.com.br

Editorial:
editorial@editoradelrey.com.br

S784p Stancioli, Brunello.

Para Além das Espécies: O Status Jurídico dos Animais / Brunello Stancioli e Carolina Nasser. - 1. ed. - Belo Horizonte, MG : Editora Del Rey, 2020.
246 p.; 13,5x20,5

Inclui bibliografia.
ISBN 978-65-5791-014-6

1. Animais. 2. Direito. 3. Espécies. 4. Status Jurídico. I. Título. II. Assunto. III. Stancioli, Brunello. IV. Nasser, Carolina.

CDD 340:590
20-990680016 CDU 34:59

ÍNDICE PARA CATÁLOGO SISTEMÁTICO
1. Direito: justiça, segurança, bem comum, etc.
2. Direito: Administração da justiça; Pessoal judiciário.

Ficha catalográfica elaborada pelo bibliotecário Pedro Anizio Gomes CRB-8 8846

BRUNELLO STANCIOLI
CAROLINA MARIA NASSER CURY

PARA ALÉM DAS ESPÉCIES
o status jurídico dos animais

Apresentação
Antenor Miranda de Campos
Prefácio
Meira Lúcia Ramos

Del Rey editora
Belo Horizonte
2021

"É requinte de saciados testar a virtude da paciência com a fome de terceiros."[1]

1 NASSAR, Raduan. *Lavoura arcaica*. 3.ed. Rev. São Paulo: Companhia das Letras, 2004. p. 109.

"(...) *não é possível realocar-se em qualquer perspectiva dada sem ser responsável por esse movimento. A visão é sempre uma questão do poder ver – e talvez da violência implícita em nossas práticas de visualização. Com o sangue de quem foram feitos os meus olhos?*"[2]

---

2 HARAWAY, Donna. Saberes localizados: a questão da ciência para o feminismo e o privilégio da perspectiva parcial. *Cadernos Pagu*, v. 5, 1995. p. 25.

Em memória de minha avó Natália.

Brunello Stancioli

Dedico este trabalho a todas aquelas que se empenham na tarefa diária de descolonizar seus corpos e vivências.

Carolina Nasser

Prefácio

Sendo bastante variado o tratamento dado pelos humanos aos outros animais – indo do cuidado (caso dos pets) até a crueldade (caso da indústria de alimentos) – que entendimento a respeito deles pode fundamentar uma relação mais equânime entre "nós" e "eles"? O presente livro é, em síntese, uma resposta a essa questão e é também uma resposta ampla e bem pensada. A questão em si mesma já nos mostra as duas faces do ponto de partida no qual se colocam os autores. A primeira é um julgamento ético: as atitudes humanas em relação aos animais são, em geral, erradas e injustas. A segunda faz considerações sobre fatos: estamos equivocados quanto ao que acreditamos serem os animais e, em consequência, sobre o que somos nós mesmos. As duas faces do problema caminham juntas no livro, de forma que pensar uma delas implica pensar também a outra.

A relação entre os humanos e os animais não humanos[3] é uma das mais importantes questões éticas de nossa contemporaneidade, e que envolve filósofos, juristas, biólogos, além de entidades da sociedade civil. A mais marcante qualidade de *Para além das espécies* é o enfrentamento do tema de maneira ampla

3 A partir daqui, para simplificar, usarei simplesmente o termo "animais" para referir-me aos "animais não humanos" ou as "outros animais que não os humanos".

e interdisciplinar, discutindo com diferentes abordagens (biológicas, antropológicas, filosóficas), entrelaçando diversas linguagens, o que é imprescindível num assunto que exige olhares múltiplos. O que se visa é dar elementos para construir um estatuto jurídico para os animais diferente do de "bens semoventes" que lhes é atualmente atribuído no Brasil – e em boa parte do mundo. Mesmo levando em conta que, em algumas circunstâncias, tal estatuto permite introduzir ações de "proteção" aos animais, ele finalmente os considera como coisas ou mercadorias, e pouco de fato lhes é garantido enquanto permanecermos neste registro. Mesmo que a legislação de alguns países seja mais eficaz na proteção de algumas espécies, ainda assim não se supera a dicotomia entre "nós" e "eles", entre "pessoas" e "coisas" – equívoco teórico-filosófico-científico que, segundo os autores, dá lugar a tratamentos moralmente injustificáveis.

A superação da dicotomia entre animais e humanos se torna então a tarefa central a ser realizada por distintos, mas convergentes, caminhos. Os autores procuram as origens do dualismo humanos/animais na tradição religiosa e filosófica ocidental, assim como expõem teorias científicas e filosóficas que apontam para sua superação. No primeiro grupo, Descartes se destaca como o grande articulador do dualismo radical entre animais e humanos, ao separar metafisicamente a alma e o corpo, fundando filosoficamente o mecanicismo; o segundo grupo gravita em torno da Teoria da Evolução a qual, ao dissolver a ideia de espécie como essência fixa, possibilita iniciar uma maior aproximação entre humanos e animais. O Capítulo 1 do livro, ao entrelaçar biologia, antropologia, história e psicologia cultural, apresenta perspectivas a partir das quais se reconstroem as noções de "humano" e de "animal", lançando mão de leituras contemporâneas do evolucionismo, tais como as de Tim Ingold e de Fernández-Armesto.

Um argumento importante é que a dicotomia entre humanos e animais se assenta sobre outra muito enraizada na antropologia e na filosofia e que também deve ser superada: a oposição natureza-cultura. A ideia da continuidade entre as espécies – que, conforme se esclarece ao longo do livro, devem ser entendidas como processos desenvolvidos num ambiente ao invés de essências fixas – é defendida aqui, aguerridamente, a partir do que vem do campo das ciências biológicas e sociais.

O capítulo 2 traz uma preciosa exposição e discussão de correntes filosóficas contemporâneas que, dialogando com os dados da biologia, mas também com a nova configuração dos direitos humanos e dos valores a partir do sec. XIX, se pergunta pelo tratamento ético e jurídico que seria adequado conceder aos animais. Superada a dicotomia cartesiana pela Teoria da Evolução e reconhecidos os direitos das pessoas a não serem discriminadas com base na raça ou no sexo, três teorias filosóficas se articulam em torno do direito dos animais. Em primeiro lugar, o utilitarismo, importante precursor do tema ainda no século XIX e que tem como seu principal representante contemporâneo o filósofo Peter Singer, reconhecido e polêmico militante da causa dos animais. Segue-se a filosofia de "viés kantiano" desenvolvida por Christine Korsgaard, que pretende encontrar em Kant formas de integrar os animais na comunidade moral, apesar de o filósofo que a inspira ter entendido a moralidade como atributo exclusivamente humano. É muito pertinente a presença da filósofa americana em *Para além das espécies* pois, junto com Singer, ela é uma referência no debate atual sobre os direitos dos animais. Carolina Nasser e Brunello Stancioli consideram aqui os artigos seminais de Korsgaard sobre o tema; posteriormente, porém, à escrita de *Para além das espécies,* a filósofa publicou um livro inteiramente dedicado a pensar as obrigações morais dos humanos em relação às suas "fellow creatures".[4] Em síntese, quanto aos animais, Korsgaard lembra que, mesmo que eles não "representem a lei moral" ou não tenham o sentido da obrigação, são criaturas para quem o bem e o mal existem, pois têm o desejo de viver.

Os autores qualificam o pensamento de Korsgaard como "de viés kantiano", o que é interessante porque ocorre que a leitora ou o leitor de Korsgaard acabam por se perguntar até que ponto ela é fiel a Kant, já que inscreve os interesses dos humanos e dos animais no cerne da moralidade. É ponto central da ética kantiana que os interesses, por serem sensíveis, não devem ser considerados no mundo moral, constituído apenas pelo dever. De modo que Korsgaard de fato "enviesa" Kant. E ainda poderíamos acrescentar: se Kant não leva em conta interesses, seja lá de quem forem, como constituintes da moralidade, *nesse ponto específico* ele trata equanimemente seres humanos e animais. Ou seja, Kant não seria especista, pelo menos neste aspecto de sua filosofia, pois não toma partido contra os animais, mas contra os interesses.

De todo modo, Korsgaard abre novas e importantes discussões sobre a relação entre seres humanos e animais. Juntamente com o utilitarismo, a filosofia de Korsgaard é classificada pelos autores como "bem estarista" – apropriando-se do termo usado pelos abolicionistas, oponentes de ambas as correntes. Uma filosofia é bem estarista quando propõe que se leve em conta o bem estar e os interesses dos animais, pois os reconhece como seres sencientes e conscientes. Há, de todo modo, grandes diferenças entre as perspectivas utilitarista e korsgaardiana, já que uma kantiana jamais poderá deixar de conceder importância à capacidade *reflexiva* que é *exclusiva* dos humanos, qual seja, a capacidade de

---

4 Korsgaard, Christine. Fellow Creatures. Our obligations to the other animals. Oxford, OUP, 2018.

submeter os desejos e instintos ao crivo da razão prática. Já os utilitaristas, ao contrário, colocam o foco na noção de interesse de seres humanos e de animais. Isso faz com que Korsgaard atribua relevância moral a uma certa ideia de humanidade, embora isso não se constitua argumento para excluir os animais da comunidade moral, pelo contrário. A questão de fundo – sobre se há fundamento em se defender a singularidade ou especificidade do ser humano – se faz presente mais ao final do livro, onde os autores tendem a recusar a pertinência científica de afirmar a "singularidade" humana, dada a fluidez do conceito de espécie. De minha parte, penso que reconhecer continuidades entre as espécies e admitir diferenças profundas entre indivíduos da mesma espécie, assim como entender animais em geral como sistemas não é incompatível com aceitar que certas características e, portanto, certas responsabilidades, pelo menos no estágio atual do nosso desenvolvimento, são exclusivas da chamada espécie humana.

Às perspectivas bem estaristas (utilitarismo e viés kantiano), opõem-se os abolicionistas que pensam os animais como sujeitos de direitos e, portanto, recusam qualquer tipo de uso dos animais pelos humanos, definindo-os como "pessoas não-humanas". Ou seja, não cabe aos seres humanos definirem até onde vão os interesses dos animais, seja do ponto de vista utilitarista ou kantiano – animais simplesmente não podem ser considerados como propriedade dos seres humanos ou como mercadorias à sua disposição.

Os autores retomam o seguinte argumento do abolicionista Gary Francione: tratar os animais como mercadoria pressupõe traçar uma linha radicalmente distintiva entre animais e humanos, ou entre pessoas e coisas, o que finalmente, encontra suporte na filosofia cartesiana a qual, como se sabe, operou a cisão radical entre corpo e alma e, portanto, entre animais e humanos.

Deste modo, aos animais foi negada a sensibilidade e a consciência e dado o estatuto de coisas ou máquinas. O pensamento de Descartes sobre os animais é um equívoco e sobre este equívoco se assenta a instrumentalização dos animais. Ao fim deste texto vou-me pronunciar em defesa do pai da filosofia moderna. Para o momento, fica a questão: será que o tratamento equivocado dado aos animais se assenta principalmente num equívoco cognitivo? Ou seria necessário recorrer ao esquecido conceito de "ideologia" para entender nossas teorias como justificações, mais do que como causas, de nossas práticas?

O capítulo 3 apresenta outras formas, mais promissoras segundo os autores, de se pensar o tratamento a ser dado aos animais, pois elas expandem o tema do estatuto moral (centrado em características moralmente relevantes de certas entidades) para abordagens mais amplas, que envolvem aspectos ecológicos e relacionais. Enfim, a questão "que é um animal?" só faz sentido situando-a num ambiente e numa rede de relações – o que implica também ressignificar a noção de espécie, "desessencializando" a ideia em múltiplas direções e utilizando-a como categoria taxonômica, num sentido pragmático. A noção de "seres emergentes", para se pensar os animais, é proposta em substituição à de espécie, e se passa a apreendê-los como um sistema que vai além da mera soma de suas características isoladas e sempre inseridos em seu ambiente, como uma rede de relações. Isso também é uma chave para se pensar os humanos, aproximando mais uma vez os dois sistemas. Este é um capítulo que aponta para as complexidades atuais nos estudos de biologia e antropologia.

Da ideia de que as espécies inexistem factualmente na natureza, os autores derivam a necessidade de questionar se a espécie é um "critério a partir do qual se podem extrair implicações éticas ou jurídicas". Mas, finalmente, pergunto eu: que se poderia inferir, em termos morais, da existência ou da inexistência das espécies? Será esta questão, definida no interior das ciências, de fato iluminadora para uma ética? Voltamos aqui ao famoso problema, já colocado por Hume, de que não passamos imediatamente da esfera dos fatos à dos valores. A este respeito, *Para além das espécies* mostra que tratamentos meramente instrumentais ou cruéis em relação aos animais *não mais encontram justificativa* no atual estado da arte da biologia e da antropologia. Em outras palavras, as ciências hoje não autorizam um certo tipo de discurso sobre os animais que desconheça sua sensibilidade, consciência e enorme complexidade; também não autoriza um discurso que constrói uma imagem dos seres humanos como uma espécie em descontinuidade e totalmente diferente dos outros animais. Não se trata, portanto, de passar indevidamente dos "fatos" aos "valores"; trata-se, ao modo da ciência popperiana, de "falsificar" algumas teses, de desestabilizá-las, de modo a que elas não funcionem mais como justificativas para certos comportamentos.

Objetos de pesquisa da psicologia moral, os animais hoje se mostram como sede de paixões e emoções, assim como, alguns deles, de rudimentos de senso de justiça e reciprocidade. No entanto, bem antes dos cientistas nos laboratórios, um filósofo do sec. XVI observou que apenas uma grande arrogância pode explicar a cegueira dos seres humanos ao não reconhecerem sua proximidade dos animais:

> A presunção é nossa doença natural e original. A mais calamitosa e frágil de todas as criaturas é o homem, e ao mesmo tempo a mais orgulhosa. (...) é por vaidade dessa mesma imaginação que ele se iguala a Deus, que se atribui as características divinas, que se seleciona a si mesmo e se separa da multidão das outras criaturas, divide em grupos os animais seus confrades e companheiros e distribui-lhes

> a porção de faculdades e de forças que bem lhe parece. Como conhece ele, por obra da inteligência, os movimentos internos e secretos dos animais? Por qual comparação entre eles e nós conclui sobre a estupidez que lhes atribui?

E, com mais humor, acrescenta: Quando brinco com minha gata, como sei que ela não se diverte mais comigo do que eu com ela?[5]

O que Montaigne chama de presunção hoje chamamos de especismo. O especismo é um equívoco teórico, na medida em que recusa os dados mais claros da ciência e da teoria da evolução. Ele é também um mal moral, motivado por interesses econômicos imediatos, por certo modo de vida cuja mudança traria prejuízos a alguns seres humanos e benefícios a muitos outros que, como os animais, ainda não são considerados moralmente relevantes. Como bem mostram Carolina Nasser e Brunello Stancioli neste importante livro, não se muda nosso modo de pensar sobre os animais não humanos sem mudar, ao mesmo tempo, o que pensamos sobre nós mesmos.

Apêndice sobre Descartes:

Aqui permito-me discordar em um ponto preciso dos autores deste livro e de muitas de suas fontes e passar à defesa do pai da filosofia moderna. Muitas interpretações, especialmente quando se trata de animais e de questões ecológicas têm transformado Descartes no vilão do pensamento filosófico. Sobre a crueldade com os animais, sobretudo, atribui-se grande responsabilidade ao mecanicismo cartesiano, o que me parece em grande

---

5 Montaigne, Michel. *Ensaios*. Tradução Rosemary Costhek Abílio. São Paulo, Martins Fontes, 2000. Livro II, p. 181.

medida equivocado. É fato que, embora fosse muito inteligente, ele realmente acreditava, com base em suas premissas, que podia dissecar um animal vivo sem provocar-lhe sofrimento. Animal não sente dor. Este total absurdo está ligado a uma ideia profundamente inovadora, a muito difamada e mal compreendida "separação do corpo e da alma". Este foi um passo absolutamente inovador, que significou, em síntese, desvincular duas ideias até então intimamente ligadas: a ideia de "alma" da ideia de "vida" – o "sopro vital" que vinha da tradição religiosa. Retomo os dois pontos da metafísica cartesiana que podem esclarecer esta profunda mudança. Ponto 1: A metafísica cartesiana pensa os corpos como máquinas, inclusive o corpo humano, que desempenha muitas funções mecanicamente, sem recorrer a qualquer noção de alma. Segue-se que meu coração humano não precisa da alma para bater, e nem o do cachorro; ambos são bombas. Ponto 2: A alma é responsável não pela vida, mas pelas sensações e pela consciência ou pensamento, o que, afinal, é a mesma coisa, pois só existe sensação com a consciência da sensação (pensamento); só os humanos possuem alma, logo só os humanos sentem e pensam.

Considerando este conjunto de ideias, penso que não há por que colocar Descartes como aquele que *obscureceu* nosso entendimento da *natureza* dos animais e dos corpos em geral. Na verdade, foi o contrário que ocorreu. O ponto é que se pode *recusar* a ideia de que os animais não sentem dor e mesmo assim aceitar o *mecanicismo* como uma forma objetiva e laica, no sentido de despida dos simbolismos religiosos, de se pensar "o que é um corpo" e que impulsionou o conhecimento científico em seus primórdios. O dualismo cartesiano, com a separação entre a alma e o corpo, foi o que possibilitou desmistificar os corpos, ao permitir pensar o movimento como algo mecânico e independente de um sopro divino, o que tornou possível que, posteriormente, a dor dos humanos e dos animais fosse pensada como um mecanismo, um processo físico. Sendo assim, a visão mecanicista do mundo e dos corpos não impediu nem obscureceu o conhecimento da fisiologia, pelo contrário, foi a condição de emergência das ciências biológicas e da Teoria da Evolução. Descartes e Darwin fazem parte de um mesmo movimento de desencantamento do mundo e da construção científica do conhecimento.

Dito isso, fora do pequeno e exótico círculo cartesiano no sec. XVII, que durou muito pouco, ninguém levou a sério a ideia de que animais são máquinas e não sentem dor. Na verdade, a humanidade nunca precisou de uma filosofia mecanicista para instrumentalizar ou tratar cruelmente os animais. Pelo contrário, as brigas de galo ou as touradas só têm seu interesse perverso porque *sabemos* que os animais sentem medo, dor e outras emoções. Não agimos a partir de uma falsa crença – os animais não sentem dor, são autômatos – para admitir colocá-los na indústria alimentícia. O que ocorre, de modo geral, é que a dor e o sofrimento dos animais não são levados em consideração, assim como a dor e o sofrimento das pessoas escravizadas não eram moralmente relevantes, embora os senhores utilizassem da dor dos escravos como instrumento de dominação. A recusa dos seres humanos de levar em conta a sensibilidade dos animais é muito anterior à filosofia de Descartes e permanece hoje, séculos depois da superação das filosofias dualistas. Esta é uma questão também prática, ligada a interesses econômicos e outros.

Telma de Souza Birchal

Maio de 2020

Sumário

Introdução 1

Por uma adequação do conceito de "animal" 7

1 O que é um animal? 7

2 As raízes e fundamentos da dicotomia estrita entre humanos e animais 10

2.2 Animais como autômatos: um panorama sobre a resposta cartesiana e moderna à caracterização dos animais 12

2.2.1 A distinção cartesiana entre mente e corpo e a sua relevância para a conceituação de animais 18

2.3 A contestação da resposta cartesiana à pergunta: o que é um animal? 22

2.3.1 Uma reaproximação entre humanos e animais por meio de leituras da biologia e da antropologia 23

2.3.2 A biologia evolucionista 24

2.3.2.1 A evolução contemporânea: a releitura de Darwin e a remodelagem da ideia de evolucionismo à luz de novas evidências 34

2.3.3 A antropologia etológica: desmistificando a singularidade humana 38

2.3.3.1 Para além da natureza ou da cultura: um novo olhar sobre a antropomorfização cultural 40

2.3.3.1.2 Por que o homem de Cro-Magnon não andava de bicicleta? Uma releitura do problema entre natureza e cultura através da antropologia construcionista 46

2.4 Animais e cultura: uma interseção necessária com a primatologia 52
2.5 Considerações finais 60

Das teorias éticas e da resposta jurídica ao problema do tratamento dos animais 61

3 O que é uma teoria ética? 61
3.1 Das teorias do bem-estar animal: o utilitarismo 65
3.1.1 O utilitarismo aplicado aos animais não humanos . . 70
3.2 Das teorias do bem-estar animal: o viés kantiano 92
3.3 O abolicionismo animal 105
4 A repercussão jurídica das teorias éticas 121
5 Considerações finais da Parte II 130

A ecologia da vida e animais sob a lógica do sistemismo-emergentista 135

6 A (ir)relevância do conceito de espécie 135
6.1 O debate sobre o essencialismo do conceito de espécie . . 137
6.1.2 Monismo e pluralismo de espécies 140
6.1.3 As espécies existem para além da categoria taxonômica? 142
6.2 É possível atribuir valor moral para as espécies? 148
7 É possível estabelecer um critério único para a configuração do status dos animais? 150
7.1 A autonomia 151
7.2 A autoconsciência 155
7.3 A agência moral 159

7.4 A senciência 166

8 Afinal, existe um critério pontual capaz de fundamentar a base ética da relação entre humanos e animais? 170

9 Organismos e ambientes em uma ótica emergente: a localização dos saberes e o recorte funcional da relação entre humanos e animais 173

9.1 Os saberes localizados: uma forma plural de enfrentamento de problemas multifatoriais. 177

9.2 Sistemas e Emergência: uma abordagem necessária para a compreensão da relação entre humanos e animais 182

9.3 Animais como emergência sistêmica: uma via de mão-dupla .187

10 Por uma resposta à pergunta: o que é um animal? A ecologia da vida e a reinvenção da relação entre humanos e animais 195

Considerações finais .199

Posfácio 203

Referências 207

Introdução

São raros os exemplos de definição do conceito de humanidade que não perpassam a própria averiguação do conceito de animalidade. Muito embora seres humanos e animais pareçam ocupar posições distantes e distintas tanto em análises filosóficas no que tange à ética e moralidade destinada ao tratamento desses seres quanto no tratamento jurídico despendido a animais não humanos[6] e a seres humanos, é através da comparação que as próprias noções ocidentais que integram os conceitos de "humano" e de "animal" foram traçadas e definidas.

A narrativa humana sobre si própria busca denotar que existe uma descontinuidade substancial entre seres humanos e animais. Entretanto, a interpenetração entre esses seres permitiu, em grande medida, com que as sociedades humanas seguissem o rumo que as trouxe até a contemporaneidade. Sociedades humanas, pretéritas e hodiernas, são fortemente marcadas pela relação que travam com animais das espécies mais distintas. Animais são mortos, utilizados como meio de transporte, auxílio em atividades laborativas, usados como alimento e como companhia e pastoreio. A interseção, portanto, entre humanos e animais, é uma das tônicas da própria formação da humanidade.

---

6 Doravante, animais.

É impossível dissociar a evolução da humanidade da utilização de animais no cotidiano. Sem o contato direto ou indireto entre humanos com animais e com o meio ambiente, o percurso evolutivo trilhado pelo *Homo sapiens* seria drasticamente alterado – isso se tal espécie de fato existisse como se conhece atualmente. Mesmo a genética dos seres humanos foi moldada por meio da relação travada entre humanos e animais. Na transição pré-histórica, entre o paleolítico e neolítico, foi possível evidenciar uma alteração no modo de vida dos humanos bastante significativa: o sedentarismo. Com esse novo modo de vida, inédito até então, iniciou-se a proximidade entre humanos e animais como seres que compartilhavam um nicho, principalmente no que tange a porcos e galinhas.[7]

O compartilhamento de espaço entre esses seres revolucionou o *pool* genético tanto de humanos quanto de animais. Isso porque, por meio da seleção natural, filtrou-se a imunidade a patogênicos exógenos. Ainda, outro fator que alterou a biologia dos humanos a partir da relação com os animais foi a domesticação de animais para a produção e consumo de leites. Nesse sentido, um novo filtro genético foi feito: o dos humanos mais tolerantes à lactose.[8]

No caminho traçado entre a pré-história e a contemporaneidade, a relação entre humanos e animais somente cresceu em termos quantitativos. Somente no Brasil, o Instituto Brasileiro de Geografia e Estatística (IBGE), no último censo realizado, estima

---

7 BOCQUET-APPEL, Jean Pierre. When the world's population took off: the springboard of the neolithic demographic transition. *Science*, Nova Iorque, v. 333, n. 6.042, p. 560-561, jul. 2011.

8 BUCHANAN, Allen. *Better than human*: the promise and perils of enhancing ourselves. Oxford: Oxford University Press, 2011. p. 17.

que haja cinquenta e dois milhões de cães e vinte e dois milhões de gatos em domicílios brasileiros. Isso significa que ao menos quarenta e quatro por cento dos lares contam com um cão e ao menos dezessete por cento contam com um gato. A população total de animais conta com pelo menos cento e trinta e dois milhões de animais domésticos. Estes números são cada vez mais crescentes, e desconsideram a população em situação de rua ou em abrigos públicos ou privados.[9] Os números oriundos do censo realizado no ano de 2013 pelo IBGE indicam um fato inédito: os lares brasileiros contam com mais animais domesticados que com crianças. No Brasil, há quarenta e cinco milhões de crianças com até catorze anos de idade residindo em casas, ao passo que a população de animais domesticados ultrapassa a barreira dos cem milhões.[10]

A relação entre humanos e animais no Brasil gera números expressivos não somente na quantidade de animais existentes. Estima-se, também, um faturamento de mais de R$ 34,4 bilhões de reais entre compras e vendas de produtos destinados aos animais domesticados. Os dados, obtidos pelo Instituto Pet Brasil (IPB), em 2018, correspondem a 0,36% do produto interno bruto brasileiro.[11]

---

9 BRASILEIROS têm 52 milhões de cães e 22 milhões de gatos, aponta IBGE. São Paulo, *G1*, 02 jun. 2015. Disponível em: <http://g1.globo.com/natureza/noticia/2015/06/brasileiros-tem-52-milhoes-de-caes-e-22-milhoes-de-gatos-aponta-ibge.html>. Acesso em: 22 jun. 2015.

10 RITTO, Cecilia. ALVARENGA, Bianca. A casa agora é dos cães – e não das crianças. *Veja*, 04 jun. 2015. Disponível em: <http://veja.abril.com.br/noticia/entretenimento/a-casa-agora-e-dos-caes-e-nao-das-criancas>. Acesso em: 22 jun. 2016.

11 CRESCE o mercado para produtos de animais de estimação. Bauru e Marília, *G1*, 10 jan. 2015. Disponível em: <http://g1.globo.com/sp/bauru-marilia/mundo-pet/2014/noticia/2014/12/mundo-pet-cresce-o-mer-

No que tange ao número de animais utilizados para fins de pesquisa, os números também são expressivos. Ainda que o Brasil não conte com um sistema de unificação de dados preciso, em países como os Estados Unidos, o Reino Unido e o Canadá, cerca de doze milhões de animais foram usados, somente durante o ano de 2013.[12] Ainda, estima-se que, por ano, 115 milhões de animais sejam utilizados em laboratórios ao redor do mundo[13].

A indústria de produção de alimentos também é responsável por uma enorme fatia de animais utilizados. Estima-se que mais de oito milhões de bovinos são abatidos a cada trimestre no Brasil, de acordo com censo do IBGE datado de 2014. Esse número abrange somente os abatedouros legalizados e fiscalizados no Brasil. Sendo que se estima que cerca de trinta por cento da carne produzida em território nacional seja oriunda de abatedouros clandestinos, esse número pode ser ainda maior.[14]

---

cado-de-produtos-para-animais-de-estimacao.html>. Acesso em: 17 mai. 2015. *Cf.*: < https://www.editorastilo.com.br/mercado-pet-movimenta-r-344-bilhoes-em-2018-alta-de-46/>. Acesso em: 22 mar. 2020.

12 Conforme dados obtidos em relatórios oficiais dos seguintes países: ESTADOS UNIDOS, Departamento de Agricultura, Serviço de Inspeção de Saúde de Animais e Plantas. *Annual Report Animal Usage by Fiscal Year*, 28 nov. 2014. CANADÁ, Conselho Canadense sobre Cuidados Animais. *CCAC 2011 Survey of Animal Use*, dez. 2010. REINO UNIDO, *Estatísticas Anuais dos Procedimentos Científicos em Animais Vivos na Grã Bretanha*, 10 jul. 2014.

13 EBEL, Ivana. Pesquisa usa 115 milhões de animais por ano. *Deutsche Welle*, 21 out. 2013. Disponível em: < https://www.dw.com/pt-br/pesquisa-usa-115-milh%C3%B5es-de-animais-por-ano-no-mundo-diz-ativista/a-17174134>. Acesso em: 22 mar. 2020.

14 FANTÁSTICO mostra falta de higiene em abatedouros e abate cruel dos gados. Rio de Janeiro, *G1*, 10 mar. 2013. Disponível em: <http://g1.globo.

Ao observar-se a complexidade e interseção que permeia a relação que humanos e animais travam hodiernamente, percebe-se que estes ora são tratados como um importante integrante de um núcleo familiar – como é o caso dos animais domesticados –, ora são tratados como coisas simples ou matéria-prima.

Ainda, é de se notar que

> [as] ideias das pessoas no que tange aos animais, bem como as suas atitudes perante eles, são correspondentemente tão variadas quanto as formas de relacionarem-se entre si, em ambos os casos refletindo a impressionante diversidade da tradição cultural que é amplamente considerada como o marcador da humanidade.[15]

Tendo em vista o incessante aumento e sofisticação do uso e inserção de animais no cotidiano humano, e da inserção midiática de reportagens e coberturas de eventos vinculados à proteção dos animais, o direito tem se indagado sobre o exato caráter jurídico de um animal.[16]

Isso porque a caracterização atual de animais, para o direito, é a de que eles são bens semoventes, conforme estipula o artigo 82 do Código Civil. O impacto das relações entre humanos e animais, assim como a crise contemporânea evidenciada no mundo pelo desequilíbrio ambiental, impulsionou a necessidade de rediscussão do *status* jurídico de animais no Brasil.

---

com/fantastico/noticia/2013/03/fantastico-mostra-falta-de-higiene-em-abatedouros-e-abate-cruel-dos-gados.html>. Acesso em: 10 mai. 2015.

15 INGOLD, Tim. Introduction. In: INGOLD, Tim (ed.). *What is an animal?* London: Routledge, 1994. p. 1.

16 Conforme denota a comoção pública gerada pelo resgate de cães da raça *Beagle* das instalações do Instituto Royal, em outubro de 2013.

Diversos países, tais como a Alemanha e a Áustria, já não consideram que animais são *coisas*. Além disso, a Alemanha conta com uma Lei de Proteção Animal, em vigor desde o ano de 1972, cuja tônica encontra-se na proteção de animais de ferimentos, sofrimento ou dores.[17]

Na Suíça, por exemplo, ainda que animais não possuam o *status* de sujeitos de direito, eles têm resguardados direitos a certos interesses, como o interesse de não serem submetidos a tratamento doloroso ou que cause sofrimento. Ainda, é um preceito fundamental no direito suíço a ideia de que se deve "proteger animais como seres vivos e sencientes por si só, e não por interesses de seres humanos (...). Como resultado, a legislação suíça também reconhece o valor inerente dos animais para além da sua utilização prática por humanos".[18]

Entretanto, a discussão no Brasil ainda é incipiente. O país não conta com leis específicas de proteção dos animais na forma de outros países ocidentais, como os supracitados. Ainda, o *status* de animais como coisas é extremamente problemático.

Objetiva-se, com o presente trabalho, propor uma nova visão sobre como deve ser analisada, sob o ponto de vista ético e jurídico, a relação entre humanos e animais. Para tanto, iniciar-se-á uma leitura sobre a acepção tradicional de "animal" no Ocidente, para que o trabalho seja tanto terminologicamente preciso quanto epistemologicamente adequado.

---

17 ALEMANHA. *Tierschutzgesetz*, 1972.

18 MICHEL, Margot. KAYASSEH, Eveline. The legal situation of animals in Switzerland. Two steps forward, one step back – many steps to go. *Journal of Animal* Law, v. 7, p. 1-42, 2011. p. 41.

1

Por uma adequação do conceito de "animal"

1 O que é um animal?

Uma análise da relação entre humanos e animais sob o ponto de vista ético e jurídico deve, inicialmente, buscar respostas à pergunta: sob qual escopo a noção de "animal" deve ser analisada? Esse recuo semântico é necessário, uma vez que a tradição do pensamento jurídico-filosófico ocidental, na qual o presente trabalho está inserido, é forjada em ambiguidades e preconceitos que circundam os termos "ser humano" e "animal".

Cabe destacar que o debate acerca da conceituação do animal se insere na tradição mais enraizada no pensamento ocidental: a de pensar-se por meio de dicotomias paralelas e, via de regra, incomunicáveis entre si – a não ser para a exemplificação de contraexemplos.

Nesse sentido, percebe-se que a relação entre animalidade e humanidade é similar àquela travada entre os domínios da natureza e os da cultura, ou, ainda, o natural e o artificial: uma relação polarizada, que separa domínios que operam em lógicas antagônicas.

Nessa ótica, assevera o antropólogo Tim Ingold que "[u]m traço marcante da tradição ocidental é a tendência a pensar em dicotomias paralelas".[19]

Ainda,

> [c]ada geração reconstrói sua concepção própria de animalidade como uma deficiência de tudo que apenas nós, os humanos, supostamente temos, inclusive a linguagem, a razão, o intelecto e a consciência moral. E a cada geração somos lembrados, como se fosse uma grande descoberta, de que os seres humanos também são animais e que a comparação com os outros animais nos proporciona uma compreensão melhor de nós mesmos.[20]

Assim, a esteira tradicional do pensamento ocidental, no que tange aos animais, tende a buscar elencar características que fazem com que os seres humanos sejam distintos, qualitativa e substancialmente, dos demais animais. Com isso, a interpretação da noção de animal foi, via de regra, até o século XIX, fundamentada a partir do contraste com o comportamento humano.

Muito embora a pergunta acerca da natureza do conceito de "animal" possua várias respostas que variam em função de recortes, frequentemente estas coincidem com uma busca do próprio conceito de humanidade. Isso porque, no Ocidente, dizer sobre o conceito de animal é dizer, indiretamente, sobre o próprio conceito de humano.

Cada atributo designado como característica singular e guardadora do sentido da humanidade deve estar ausente, ou rudimentarmente presente, nas espécies animais. Nesse sentido, "o conceito genérico de 'animal' é constituído negativamente através

---

19 INGOLD, Tim. "Humanity and animality". In: INGOLD, Tim (ed.). *Companion Encyclopedia of Anthropology*. Londres: Routledge, 1994. p. 20.

20 INGOLD. *Humanity and animality*. *Op. cit.* p. 14.

da soma dessas deficiências".[21]

As atitudes de sociedades humanas para com animais não guardam uma lógica linear e padronizada ao longo da história. Percebe-se que

> as ideias das pessoas em relação aos animais, bem como as suas atitudes em relação a eles, são proporcionalmente tão variáveis quantos os seus jeitos de relacionarem-se entre si, em ambos os casos refletindo a impressionante diversidade da tradição cultural que é amplamente imaginada como sendo o marcador da humanidade.[22]

Pode-se inferir, portanto, que a noção de "animal" tem sido elemento chave para o desenvolvimento da noção de "humano". O debate sobre a conceituação de animais ao longo da história ocidental pode ser dividido em três grandes blocos histórico-analíticos, que serão abordados a seguir no presente trabalho.

O primeiro deles concerne às raízes e fundamentos da dicotomia estrita entre humanos e animais, fortemente calcada no pensamento aristotélico e judaico-cristão, mas cuja fonte principal a ser discutida será o pensamento cartesiano. Nesse primeiro momento, a tônica da conceituação do animal será a do antropocentrismo exacerbado, fundamentado na ideia de que animais são seres autômatos desprovidos de quaisquer traços, ainda que elementares, de racionalidade.[23]

Em seguida, analisar-se-á a tradição moderna, baseada no incipiente desenvolvimento das ciências biológicas. Esta, de

---

21 INGOLD. *Introduction. Op. cit.* p. 3.

22 INGOLD. *What is an..., op. cit.* p. 1.

23 THOMAS, Keith. *Man and the natural world: changing attitudes in England 1500-1800*. Londres: Allen Lane, 1983. p. 19.

acordo com Keith Thomas, trouxe consigo o "reconhecimento de similitudes físicas entre humanos e outros animais", devendo-se salientar, também, que, ainda de acordo com o autor citado, "o crescimento das cidades e a emergência de uma nova ordem industrial (...) engendrou uma consciência acerca dos deveres morais devidos aos animais".[24] Foi nesse cenário que Charles Darwin pôde propor a sua teoria da evolução – um divisor de águas no tocante à conceituação dos animais em sociedades ocidentais.

Por fim, abordar-se-á a questão da noção de animais em face da ciência, antropologia e filosofia contemporâneas. Estas, em conjunto, são responsáveis por uma completa reformulação da ideia de animal, uma vez que dados angariados em estudos de biologia, genética, primatologia, dentre outros campos, contestam fortemente a linha divisória traçada pelos modernos entre humanos e animais, apontando para uma divisão, quando ocorre, bastante borrada.

2 As raízes e fundamentos da dicotomia estrita entre humanos e animais

A análise histórica da fundamentação da relação entre humanos e animais é um tema que, extenso por si só e metodologicamente distinto da abordagem a que se pretende o presente trabalho, não será abordada à exaustão em nosso texto. Todavia, a fim de compreender o percurso trilhado pela busca de uma conceituação da ideia de "animal" no Ocidente, faz-se necessário desenvolver, ainda que de modo sucinto, uma análise da evolução do conceito ao longo do tempo.[25]

---

24 THOMAS. *Man and the...*, *op. cit.* p. 181.

25 O recorte dessa análise se pautará por incursões em sistemas éticos emi-

Do período que engloba desde a Grécia antiga até parte do século XIX, a discussão sobre o *status* moral de animais recaiu fortemente sobre a investigação acerca da posse de uma alma ou de uma mente consciente por animais. Nesse sentido, percebe-se que o debate ocidental foi, por séculos, centrado "na posse ou ausência de uma alma racional, [que era] tida frequentemente como o critério relevante de vinculação".[26]

A busca por critérios que venham a distanciar a humanidade da animalidade é uma tônica em tratados e estudos filosóficos antigos e modernos. Frequentemente, critérios tais como a posse de um *self*, mente ou alma eram listados como distintivos e capazes de sedimentar uma ruptura essencialista entre humanos como agentes morais e animais como coisas.[27]

---

nentemente ocidentais. Exclui-se do escopo analítico os desenvolvimentos teóricos relativos à relação entre humanos e animais no Oriente, para fins do presente trabalho.

26 PREECE, Rod. "The history of animal ethics in Western Culture". In: BLAZINA, Christopher. BOYRAZ, Güler. SHEN-MILLER, David. *The psychology og the human-animal bond*: a resource for clinicians and researchers. Nova Iorque: Springer, 2011. p. 46.

27 Os critérios citados podem ser encontrados em diversos autores, ao longo do desenvolvimento da história e da filosofia ocidentais. Entretanto, o argumento que distingue humanos de animais pela posse de uma *alma* é tônica do pensamento escolástico. Seres humanos, somente, seriam criados à imagem e semelhança de um Deus, e seriam integrados tanto por componentes materiais quanto imateriais (uma alma). Cf. STONE, M. W. F. "The soul's relation to the body: Thomas Aquinas, Siger of Brabant and the Parisian debate on monophysicism". In: CRANE, Tim. PATTERSON, Sarah. *History of the mind-body problem*. Londres: Routledge/Taylor and Francis e-library, 2002. p. 34-35. Ainda, a ideia de racionalidade como elemento fronteiriço encontra-se melhor representada em René Descartes e

Neste trabalho, opta-se, metodologicamente, por efetuar um recorte a partir da modernidade. Justifica-se esse recorte temporal pelo impacto do pensamento moderno no direito contemporâneo. Ainda, a radicalização da dicotomia entre humanos e animais a partir da justificação científico-racional ganha força neste período.

2.2 Animais como autômatos: um panorama sobre a resposta cartesiana e moderna à caracterização dos animais

Um dos traços mais distintos do pensamento filosófico moderno é a busca pela compreensão do exato caráter da existência humana, bem como a delimitação das características de uma natureza comum que perpassa aos seres humanos. Para tanto, a intensificação dos estudos com animais era admitida como uma chave para a compreensão, por contraste, dos humanos. Para Aaron Garrett,

> os animais eram o critério para a descoberta do que seria a natureza humana. A natureza humana era (em sua maior parte) considerada aquilo que não é animal, ou ao menos não somente o que é animal. Alguns humanos – mulheres e membros de grupos étnicos ou raciais – foram posteriormente categorizados como se fossem mais ou menos humanos.[28]

---

na inseparabilidade dos pensamentos racionais do *cogito*. DESCARTES, René. *Meditations on first philosophy. With selections from the objections and replies.* Oxford: Oxford University Press, 2008.

28 GARRETT, Aaron. "Animals and ethics in the history of modern philosophy". In: BEAUCHAMP, Tom L. FREY, Raymond G. (eds.). *The Oxford Handbook of Animal Ethics*. Oxford: Oxford University Press, 2013. p. 65.

A busca por critérios que separariam humanos de animais, conferindo aos humanos uma substância, compartilhada por todos os membros dessa espécie e ausente nas demais, teve o seu ápice, na modernidade, na construção filosófica empreendida por René Descartes.

Descartes é um autor considerado central para a filosofia. Da matemática à filosofia da mente, a sua influência é notória. Francês, o filósofo nasceu no ano de 1596 e veio a falecer em 1650, na cidade de Estocolmo, Suécia.

Inicialmente, cabe salientar que o presente trabalho fará uma distinção terminológica entre o pensamento de Descartes e o pensamento cartesiano. Isso se justifica porque os escritos do autor foram e são estudados por gerações de filósofos, que, nele inspirados, deram corpo ao chamado "cartesianismo". Isso porque, na filosofia que abrange ao pensamento do filósofo francês, o adjetivo "cartesiano" não segue como correlato necessário do sobrenome do autor. Nesse sentido, afirma Sarah Patterson que

> [u]ma grande quantidade de visões são rotuladas de cartesianas, e diferentes visões são rotuladas de cartesianas por diferentes pessoas, então é necessário foco, caso seja pretendido progresso [...].[29]

Assim, enquanto o pensamento cartesiano é fortemente vinculado à metodologia cética e ao dualismo, o pensamento de Descartes é relacionado ao "desejo de fornecer novas fundações metafísicas e epistemológicas à sua física matemática".[30]

---

29 PATTERSON, Sarah. "How Cartesian was Descartes?" In: CRANE, Tim. PATTERSON, Sarah. *History of the mind-body problem*. Londres: Routledge/Taylor and Francis, 2002. p. 70.

30 PATTERSON. *How Cartesian was...*, *op. cit.* p. 101.

Isso posto, vê-se que a síntese cartesiana para a diferenciação entre humanos e animais recai na posse ou não de uma mente ou de estados mentais. O pensador francês é considerado como um dos mais pungentes defensores de um "hiato fundamental e inultrapassável entre a mentalidade genuína e a mera atividade mental de entidades não-humanas".[31]

O percurso trilhado por Descartes até a concepção da ideia de que animais são seres autômatos e incapazes de desenvolver comportamentos superiores, tais como racionalidade, consciência de si e linguagem, é um corolário da sua busca pela distinção entre a alma e o corpo dos humanos. Tal diferenciação tem seu ápice em suas *Meditações*. Texto segmentado em seis focos analíticos chamados de "meditações", possui, em sua primeira, as meditações que concernem à demonstração de que há uma distinção real entre a alma e o corpo dos seres humanos, a busca por desmistificar juízos prévios antigos.

O diagnóstico de Descartes sobre o conhecimento até então disponível é o de que as opiniões passadas e aprendidas ao longo da vida devem ser, em geral, destruídas. Ainda para o autor, muito embora nem todas elas venham a se lograr falsas de todo, a base de todas as opiniões parece estar equivocada. Para ele,

> não é necessário que examine cada uma [opinião] em particular, o que seria um trabalho infinito; mas, visto que a ruína dos alicerces carrega necessariamente consigo todo o resto do edifício, dedicar-me-ei inicialmente aos

31 HUEBNER, Bryce. "Minimal minds". In: BEAUCHAMP, Tom. FREY, Raymond G. (eds.). *The Oxford handbook of animal ethics*. Oxford: Oxford University Press, 2013. p. 445.

> princípios sobre os quais todas as minhas antigas opiniões estavam apoiadas.[32]

Para que se busquem elementos constantes e seguros nas ciências, Descartes propõe que os juízos admitidos acriticamente sejam, temporariamente, colocados em dúvida, por meio da interrupção e suspensão de juízos sobre tais pensamentos.[33] É de se notar que, ao colocar o conhecimento adquirido em dúvida, Descartes promove um movimento de universalização da dúvida para todas as esferas do pensamento filosófico.

Em sua meditação seguinte, na qual Descartes pretende demonstrar que é mais fácil conhecer a natureza do espírito humano que o próprio corpo, ele assume que todas as coisas que se vê são falsas, e que "o corpo, a figura, a extensão o movimento e o lugar são apenas ficções de [seu] espírito".[34]

A raiz da humanidade, em Descartes, não encontra-se nessas ficções. Antes, a sua centralidade está localizada na capacidade para que pensamentos sejam desenvolvidos. Para o pensador,

> nada sou, pois, falando precisamente, senão uma coisa que pensa, isto é, um espírito, um entendimento ou uma razão, que são termos cuja significação me era anteriormente desconhecida. Ora, eu sou uma coisa verdadeira e verdadeiramente existente; mas que coisa? Já o disse: uma coisa que pensa.[35]

---

32 DESCARTES, René. Meditações concernentes à primeira filosofia: nas quais a existência de Deus e a distinção real entre a alma e o corpo do homem são demonstradas. In: CIVITA, Victor (ed.). *Os pensadores – XV*. 1. ed. São Paulo: Editora Abril, 1973. p. 93.

33 DESCARTES. *Meditações concernentes à..., op. cit.* p. 96.

34 DESCARTES. *Meditações concernentes à..., op. cit.* p. 99.

35 DESCARTES. *Meditações concernentes à..., op. cit.* p. 102.

Devido à capacidade de compreender que é comum aos humanos, torna-se possível o conhecimento de corpos. A partir desse raciocínio, Descartes conclui que, uma vez concebidos pelo pensamento, é possível inferir que "nada há que me seja mais fácil de conhecer do que meu espírito".[36]

Esse pensamento é central para as análises da mente/alma cartesiana. Percebe-se que o domínio da mente é impenetrável por conhecimentos falsos, sendo ela "um verdadeiro domínio que é infalivelmente cognoscível."[37] Isso porque, ao passo que o mundo externo e todos os conhecimentos apreendidos desde a infância por meio dos sentidos podem ser sempre falsos, a mente nunca é falseável ou duvidável. Ainda, para o pragmatista Robert Brandom, o conceito de mente cartesiana corresponde ao

> domínio do conhecimento obtido de forma *imediata*, não somente no sentido da não inferencialidade, mas no sentido mais forte de que seu desenvolvimento é *dado* a nós de uma maneira que impede a possibilidade tanto da ignorância quanto do erro.[38]

A dúvida cartesiana acerca da existência ou concretude do mundo externo se traduz em uma dúvida sobre a própria existência de entidades corpóreas no geral, incluindo o seu próprio corpo.

Ao afirmar, ainda na segunda Meditação, que a própria existência consiste em uma evidência de que ele é uma coisa que

---

36 DESCARTES. *Meditações concernentes à...*, *op. cit.* p. 106.

37 PATTERSON. *How Cartesian was...*, *op. cit.* p. 74.

38 BRANDOM, Robert. "Study Guide to Wilfrid Sellars". In: BRANDOM, Robert. RORTY, Richard (eds). *Empiricism and the philosophy of mind.* Cambridge: Harvard University Press, 1997. p. 121.

pensa, Descartes coloca que elementos externos, incluindo o seu próprio corpo, são quimeras.[39]

A divisão entre internalidade e externalidade, ou, ainda, entre mentes e corpos, inaugura o chamado *dualismo cartesiano*. Muito embora a distinção entre mente e corpo seja antiga na história do pensamento ocidental,[40] a cisão entre essas substâncias proposta por Descartes é a que impacta fundamentalmente a distinção entre humanos e animais na filosofia e na epistemologia da ciência.

Nesse sentido, o desmembramento entre mentes e corpos implica na independência de duas substâncias que não se confundem ou se co-originam. Assim posto, mente e corpo são, para Descartes, duas substâncias distintas e incomunicáveis entre si. Para Sarah Patterson, "[isso] demonstra que a mente não pode ser idêntica a corpo algum, dada a premissa de que tal identidade não poderia ser contingente".[41]

A ideia de uma mente cartesiana é, portanto, fruto de um ceticismo original que se propõe a questionar a existência de todo o conhecimento apreendido por meio dos sentidos e que inaugura uma tensão entre matéria e não matéria ao propor a cisão do mundo entre duas substâncias: corpos, materiais, e mentes, imateriais – substâncias ontológica e metafisicamente distintas.

---

39 DESCARTES *in* PATTERSON. *How Cartesian was...*, *op. cit.* p. 75.

40 O dualismo mente-corpo é central na filosofia ocidental. Em Aristóteles, percebe-se a divisão dos organismos viventes entre cinco categorias.

41 PATTERSON. *How Cartesian was...*, *op. cit.* p. 75.

2.2.1 A distinção cartesiana entre mente e corpo e a sua relevância para a conceituação de animais

O dualismo mente-corpo, presente na filosofia cartesiana, assenta que a mente humana é capaz de engendrar julgamentos superiores que são independentes da matéria corpórea pela qual eles se transmitem.[42]

Para distanciar-se, entretanto, do dualismo aristotélico entre mente e corpo, tradicional à sua época, e aproximar-se de um legado tomista, Descartes inicialmente rechaça a ideia aristotélica de que haveria almas, ou racionalidade, nos cinco domínios da vida. Nesse sentido, percebe-se que o "primeiro passo de Descartes é o de argumentar que os poderes vegetativos ou nutritivos não pertencem à alma, mas devem ser explicados em termos meramente corporais."[43] Com isso, Descartes busca explicar o domínio das coisas materiais por meio de um mecanicismo bastante lógico, engendrado e organizado. Assim, uma das tônicas do pensamento cartesiano é a de que todas as substâncias materiais podem e devem ser explicadas e analisadas a partir de recortes puramente mecanicistas – nos exatos mesmos termos que um cientista analisa um relógio ou outras máquinas complexas.

É possível concluir, dessa forma, que há uma descontinuidade entre a substância material e a substância imaterial (chamada

42 Nesse sentido, é possível afirmar que Descartes se distancia do pensamento aristotélico e de sua natureza tripartite e aproxima-se de Tomás de Aquino, que também analisava mente e corpo como formas diferentes e separadas. Cf.: JAMES, Susan. "The emergence of the Cartesian mind". In: CRANE, Tim. PATTERSON, Sarah. *History of the mind-body problem.* Londres: Routledge/Taylor and Francis, 2002. p. 111-119.

43 JAMES. *The emergence of...*, *op. cit.* p. 120.

indistintamente na filosofia cartesiana de mente ou alma). O elemento distintivo entre humanos e animais na filosofia cartesiana encontra-se no fato de que seres humanos são uma amálgama entre matéria e mente, ao passo que animais e as demais criaturas viventes no planeta são compostos apenas pela matéria. Um ser vivo desprovido de alma é, nesse sentido, um ser mecânico. Com isso, "Descartes fornece a seus leitores uma análise elaborada das causas físicas de sensações, memórias, percepções, paixões (...) descrevidas como o *homem máquina*."[44]

A figura mitológica do homem-máquina cartesiano é, todavia, apenas um ponto heurístico em sua filosofia, dado que seres humanos são algo além do puro mecanicismo, pois são dotados da capacidade de pensar e possuem uma alma. Assim, ainda que os corpos humanos sigam estritamente os preceitos mecanicistas, seres humanos se descolam dos demais, pela posse da substância imaterial – a alma –, cuja propriedade essencial é a de prover e organizar pensamentos.

A substância imaterial capaz de pensamentos é um domínio desvinculado e isolado dos demais. Em sua raiz e em suas manifestações, matéria e mente são substâncias distintas.

O contraponto dos humanos encontra-se nos animais e nas demais criaturas relegadas a uma vivência puramente material. Ao passo que, em Aristóteles, o elemento que distingue seres animados de seres inanimados é a posse de alma, em Descartes somente seres humanos são detentores do substrato material, forjando-se um hiato substancial entre humanos e animais.

A negação da propriedade imaterial capaz de engendrar comportamentos racionais em animais enquadra-se em sua fi-

44 JAMES. *The emergence...*, *op. cit.* p. 121.

gura mecanicista de explicação dos fenômenos do mundo. Nesse sentido, Descartes aponta que, ainda que animais possam desempenhar comportamentos complexos, eles não podem ser considerados semelhantes aos humanos, uma vez que, por mais complexos que possam parecer, seus comportamentos são tão somente reflexos mecânicos de uma estrutura corporal organizada. Nesse sentido, "ao invés de estarem vivos em virtude da posse de almas, a vida dos animais consiste no fato de que as suas partes corporais se movem em formas determinadas."[45]

Essa é a chave para o pensamento cartesiano no que tange aos animais. A ausência da substância imaterial imediatamente confere aos animais o *status* de autômatos.[46] Ainda, essa explicação parece suficiente ao autor francês, dado que, na posse de uma substância pensante que é vinculada ao domínio daquilo que é racional, em oposição às leis físicas, comportamentos que denotam a existência de uma substância pensante podem ser encontrados somente em humanos.

Para Descartes, esses comportamentos estão estritamente vinculados ao domínio da linguagem. Assim, a capacidade para responder flexivelmente, em linguagem, ao significado de qualquer questão inesperada fornece evidência incontestável de que uma mente é associada a um corpo. Uma máquina cujo funcionamento, por mais complexo que possa ser, é puramente mecânico falha em desempenhar um arranjo de palavras capaz de fornecer respostas a uma pergunta aleatória, algo rudimentar para humanos.

---

45 JAMES. *The emergence...*, *op. cit.* p. 122.

46 DESCARTES, René. "Animals are machines". In: REGAN, Tom. SINGER, Peter (eds.). *Animal rights and human obligations*. Nova Iorque: Prentice-Hall, 1976. p. 60-66.

Como é possível extrair das análises acima desenvolvidas, a análise da pergunta "o que é um animal?" interessa à filosofia cartesiana, pois ela é a chave para a compreensão de um projeto maior: a busca pela resposta do exato caráter da humanidade.

Em uma tradição que segue Aristóteles, perpassando o pensamento escolástico, judaico-cristão e tomista, a resposta do que é um ser humano é dada, via de regra, em contraste àquilo que significa ser um animal.

Nesse sentido, aponta Tim Ingold, ao dizer que

> [d]os clássicos até os dias de hoje, os animais têm ocupado uma posição central na construção ocidental do conceito de 'homem' – e, diríamos também, da imagem que o homem ocidental faz da mulher. Cada geração reconstrói sua concepção própria de animalidade como uma deficiência de tudo o que apenas nós, os humanos, supostamente temos, inclusive a linguagem, a razão, o intelecto e a consciência moral. E, a cada geração somos lembrados [...] de que os seres humanos também são animais.[47]

A força do argumento cartesiano para a explicação do caráter de humanidade e animalidade fornece uma resposta tentadora. Ao colocar humanos e animais em categorias tão distintas, eleva-se a humanidade a um patamar especial. Contudo, frente a descobertas e avanços científicos, seu argumento tornou-se fortemente questionável, e provou-se, em face desses eventos, contestável.

---

47 INGOLD. *Humanity...*, *op. cit.* p. 14.

2.3 A contestação da resposta cartesiana à pergunta: o que é um animal?

A visão de que animais são meros autômatos começou a ser rechaçada já nos contemporâneos de René Descartes. No presente trabalho, argumentos de cunho materialista, contrários à posição cartesiana que desmembra o mundo em duas substâncias distintas entre si, serão apresentados, a fim de se superar a visão, que persiste até os dias atuais, de que o elemento distintivo entre humanos e animais é a posse de uma substância imaterial – seja um *self*, uma alma, ou, ainda, uma mente imateriais.

A principal crítica levantada pelos estudiosos contemporâneos a Descartes recai no ponto de que o argumento cartesiano é enraizado em pressuposições problemáticas.

Uma das primeiras vozes a se levantar contra a explicação dualista do mundo proposta pelo filósofo foi Thomas Hobbes (1588-1679). Hobbes, inglês bastante conhecido por seus trabalhos no campo da filosofia política, podendo ser considerado um dos fundadores da filosofia e ciências políticas,[48] argumenta que elementos elencados por Descartes como distintivos do caráter da humanidade do resto do mundo, tais como capacidade para deliberação e vontade, não passam de "capacidades para manipulação de representações internas."[49] Essas capacidades, para Hobbes, estão presentes tanto em humanos quanto em animais. Segundo ele, elas são compartilhadas, uma vez que "uma sucessão alternativa de apetites, aversões, esperanças e medos, não existe em menor quantidade em outras criaturas viventes do que no homem."[50]

---

48 SHELDON, Garrett W. *The History of Political Theory*: Ancient Greece to Modern America. Heidelberg: Peter Lang Publishing Inc., 2006. p. 47.

49 HUEBNER,. *Animal minds and...*, *op. cit.* p. 448.

50 HOBBES, Thomas. *Leviathan*. Indianápolis: Hackett Publishing, 1994. p. 33.

Ainda, de acordo com Bryce Huebner,[51] Baruch Spinoza (1632-1677) caminha no mesmo sentido de Hobbes. Spinoza, holandês , é considerado um dos maiores racionalistas da transição da modernidade para o Iluminismo.[52] Spinoza sustenta que as forças causais são comuns entre todos os corpos. Com isso, a suposição de que animais e humanos são essencialmente distintos é falsa, dado que o princípio que governa tanto a mente humana quanto a mente de uma cobra é o mesmo. Isso se justifica pois, ainda de acordo com o autor, as pessoas "são presas das assunções cartesianas sobre a mente pois elas não aprenderam pela experiência aquilo que um corpo pode ou não pode fazer, sem ser determinado pela mente."[53]

No entanto, as posições de filósofos como Hobbes e Spinoza, muito embora tenham contribuído para as críticas ao modelo cartesiano de caracterização da relação existente entre humanos e animais, não impactaram tanto a ideia do que se entende por animal – e, por corolário, do que se entende por humano – quanto a revolução proposta pela biologia moderna, impactada pelas descobertas de Charles Darwin e pela teoria da evolução.

2.3.1 Uma reaproximação entre humanos e animais por meio de leituras da biologia e da antropologia

Ao longo dos séculos XVI e XVII, nos quais viveram e produziram seus tratados, respectivamente, René Descartes, Thomas

---

51 *Cf.*: HUEBNER. *Animal minds...*, *op. cit.* p. 448-449.

52 YOVEK, Yirmiyahu, *Spinoza and Other Heretics*: The Adventures of Immanence. Nova Iorque: Princeton University Press, 1992. p. 3.

53 SPINOZA, Baruch. *Ethics*. Indianápolis: Hackett Publishing, 1991. p. 105.

Hobbes e Baruch Spinoza, a biologia ainda era um campo em desenvolvimento. As explicações acerca da origem dos seres no mundo eram relegadas, em sua quase totalidade, a argumentações transcendentais que pouco guardavam correspondência a uma averiguação dentro daquilo que hoje podemos considerar como um domínio eminentemente científico.

Percebe-se que Descartes, em sua busca por explicar como corpos e mentes eram substâncias distintas, recorreu ao argumento de que seres humanos são dotados de uma alma, uma substância imaterial capaz de pensar, e esse seria o critério distintivo entre este e os demais seres que vivem no planeta.

A busca por critérios transcendentais de justificação da unidade que deveria haver entre seres humanos passou, a partir de meados do século XVIII, a ganhar contornos mais materialistas. Nesse sentido, empreendeu-se uma leitura bastante diferente da que propunha Descartes. Leitura essa que deu início à ruptura do dualismo humano-animal.

Atualmente, é possível citar grandes campos de análise científica responsáveis por uma ruptura forte com o dualismo cartesiano no problema da conceituação dos animais. O mais impactante deles é o que compete à biologia evolucionista. Entretanto, a antropologia e a primatologia também contribuem de maneira cabal para tal ruptura.

2.3.2 A biologia evolucionista

À medida que o grau de conhecimento em campos como a biologia era incrementado, a visão de que humanos e animais eram separados por uma alma metafísica passou a ser colocada em xeque. Um dos primeiros estudos de campo que visou à desmistificação desse hiato foi o conduzido por James Burnett, ou, Lorde Monboddo (1714-1799).

Monboddo, à sua época, teve contato com um tratado publicado por um militar sueco, Nicolas Köping. No tratado, o tenente relata ter participado de uma expedição a bordo de um navio holandês de cunho mercantil, e ter, na oportunidade, observado que a baía de Bengala era povoada por habitantes que "portavam caudas semelhantes às dos gatos e tinham um porte felino assemelhado."[54]

O relato supracitado fora recebido com muito entusiasmo por um dos alunos de Lineu,[55] responsável por classificar os seres encontrados por Köping como "uma espécie de macaco, apropriadamente chamada de 'lúcifer'."[56] Ao entrar em contato com a classificação dos seres da baía de Bengala como "macacos", Monboddo decide investigar por conta própria se o relato era verdadeiro. De acordo com Ingold, "Monboddo pôs-se a demonstrar as continuidades e os contrastes entre os homens e outros animais, além de caracterizar a condição da espécie humana em seu estado 'natural' ou 'selvagem'."[57]

Diante do relato de Köping e da classificação dos seres como "macacos", Monboddo concluiu que aqueles seres eram, efetivamente, humanos. De acordo com o Lorde, ele estava ciente de que

---

54 INGOLD. *Humanity and animality. Op. cit.* p. 15.

55 Carl Nilsson Linnæus, ou Lineu, foi um botânico e zoólogo nascido em 1707, responsável pela criação da nomenclatura binominal e considerado por muitos como o inaugurador da taxonomia moderna. *Cf.*: UPPSALA Universitet. *What people say about Linnaeus*. Disponível em: <http://www.linnaeus.uu.se/online/life/8_3.html>. Acesso em: 22 jun. 2016.

56 INGOLD. *Humanity and animality. Op. cit.*, p. 15.

57 MONBODDO *in* INGOLD. *Humanity and animality. Op. cit.*, p. 15.

> todos aqueles que acreditam que os homens são e sempre foram os mesmos em todas as épocas e em todas as nações do mundo, e da maneira como os vemos na Europa, considerarão esse relato inacreditável; de minha parte, estou convencido de que ainda não descobrimos toda a multiplicidade da natureza, nem ao menos em nossa própria espécie; e, no meu entender, a coisa mais inacreditável que se poderia dizer, ainda que não houvesse fatos para refutá-la, é que todos os homens, nas mais diversas partes da Terra, são iguais em tamanho, aparência, formato e cor.[58]

Ainda, os relatos de Monboddo indicam que, nas suas observações empíricas, havia indícios suficientes para que se afirmasse que o ser humano parece ser um animal frutívoro, "e que os humanos somente se tornam animais de caça por hábitos adquiridos (...)."[59]

Atualmente, percebe-se que a ideia de Monboddo, de que os seres da ilha eram humanos, ou mesmo sobre o tipo ideal de alimentação humana, são falsas. Ainda que os seres pertencentes à espécie *Homo sapiens* possuam um leque extenso de graus de variabilidade entre si, sabe-se que os seres da baía de Bengala eram, de fato, macacos – e não membros da espécie humana, e que o ser humano é, de fato, um ser onívoro altamente adaptado a vários tipos de alimentos. Contudo, as anotações de Monboddo foram cirurgias, no que tange ao questionamento da ideia de natureza humana como algo dado, imutável e uniforme: de fato, é possível perceber que as classes e espécies animais possuem entre si va-

---

58 MONBODDO *in* INGOLD. *Humanity and animality. Op. cit.* p. 16

59 MONBODDO, Lord. "Of the origin and progress of language". In: GARRETT, Aaron (ed.). *Animal rights and souls in the Eighteenth Century*. Londres: Thoemmes Press, 2000. p. 224-227.

riabilidade e mutabilidade que evoluem com o passar do tempo. Isso implica na ideia de que a seleção de um, ou mesmo um feixe, atributo pontual e isolado é insuficiente para que se responda a pergunta sobre o caráter de animais ou de humanos de maneira satisfatória. Essa construção somente foi possível tendo em vista a inestimável colaboração que Charles Darwin ofertou à biologia moderna e contemporânea.

Quando Charles Darwin (1809-1882), em 1859, finalizou o processo de escrita de seu *A origem das espécies*, a comunidade científica mundial pôde recepcionar um dos mais profundos e abrangentes tratados dos últimos três séculos – indubitavelmente, o mais importante da biologia.[60]

Darwin, nascido no interior da Inglaterra, desde cedo demonstrou patente interesse por estudos sobre plantas e animais. Egresso de um curso incompleto em medicina, Darwin formou-se artes, com intuito de tornar-se ministro de Igreja, na Universidade de Cambridge. Foi na Universidade que Darwin recebeu o convite, vindo de um de seus professores, para juntar-se à expedição de pesquisa marinha na América do Sul a bordo do lendário *HMS Beagle*.[61]

A obra de Darwin não veio ao acaso. É possível remontar as raízes da teoria da evolução na Revolução Científica vivenciada no século XVII. Esta foi responsável pela busca incessante por um conhecimento que fosse passível de comprovações e escru-

---

60 DIAMOND, Jared. "Introdução". In: MAYR, Ernst. *O que é evolução?* Trad. Ronaldo Sérgio de Biasi. Sergio Coutinho de Biasi. Rio de Janeiro: Rocco, 2009. p. 9.

61 A biografia de Charles Darwin foi resumida. Cf.: MAYR. *O que é...*, *op. cit.* p. 29-32.

tínio empírico. Nesse sentido, versões e tratados científicos que visassem à explicação do mundo por meio de metáforas mitológicas ou transcendentais eram sumariamente rechaçados em busca de argumentos concretos, que permitissem com que a hipótese sustentada pudesse ser comprovada.

Impulsionada pela geologia incipiente, que, nos séculos XVII e XVIII foi responsável por revelar que "a Terra era muito mais antiga do que se pensava, enquanto a descoberta de fósseis de animais extintos abalou a crença na constância e permanência da criação",[62] ciências como a filosofia, a matemática e a física passaram a questionar a credibilidade da explicação cristã para o início do Universo.

Assinala o biólogo evolucionista Ernst Mayr que o surgimento da teoria da evolução encontra-se num contínuo de descobertas e rupturas para com modelos mitológicos de explicação dos fenômenos do mundo. Segundo ele,

> [a] revolução copernicana foi o primeiro episódio a demonstrar que nem todas as afirmações da Bíblia podiam ser interpretadas de maneira literal. A ciência estava, no início, preocupada principalmente com a astronomia, isto é , com o Sol, as estrelas, os planetas e outros fenômenos naturais. Era inevitável que, no devido tempo, seus praticantes se sentissem compelidos a procurar explicações para muitos outros fenômenos do mundo.[63]

Todavia, até o século XIX, uma grande premissa compartilhada em culturas ocidentais de raiz judaico-cristã, a de que o universo tinha sido criado por uma figura divina de forma sábia,

---

62 MAYR. *O que é...*, *op. cit.* p. 25.

63 MAYR. *O que é...*, *op. cit.* p. 25.

organizada e inalterável pelo homem – o criacionismo –, permanecia irrefutável.

A inalterabilidade da ordem do mundo fora questionada já em estudos do movimento de rotação da Terra e da movimentação planetária, por estudos de marés e ciclos lunares e movimentação de placas tectônicas.[64] Nesse sentido, é possível afirmar que as raízes do evolucionismo já estavam presentes nas grandes descobertas científicas modernas. Contudo, é somente com a guinada enérgica promovida pelo impacto da recepção no meio científico da obra principal de Darwin que o pensamento evolucionista ganhou destaque em meio às respostas aos questionamentos sobre a natureza de animais e de humanos.

As bases evolucionistas encontram-se nos estudos e observações de Darwin acerca da fauna e flora existentes na Patagônia e em ilhas próximas. Cinco anos após o início da viagem a bordo do *Beagle*, ele retorna à Inglaterra e desenvolve estudos nas espécimes encontradas.

Por seus três grandes trabalhos (*A origem das espécies*, de 1859, *A descendência do homem e seleção em relação ao sexo*, de 1871, e *A expressão das emoções no homem e animais*, de 1872), Darwin é considerado como o fundador da compreensão evolucionária das similitudes entre seres humanos e animais.[65]

---

64 Ernst Mayr, biólogo, desenvolve estudo extenso sobre a influência das descobertas científicas na era pós Galileu Galilei e como elas estão relacionadas ao surgimento da teoria da evolução. Esses estudos, entretanto, fogem ao escopo do presente trabalho. Para mais informações: MAYR. *O que é...*, *op. cit.* p. 24-32.

65 BRADIE, Michael. "The moral life of animals". In: BEAUCHAMP, Tom. FREY, Raymond G. (eds.). *The Oxford handbook of animal ethics*. Oxford: Oxford University Press, 2013. p. 550.

Em *A origem das espécies*, Darwin estabelece que é possível explicar a diversidade, similitudes e diferenças de plantas e animais por meio da teoria dos descendentes modificados. Como corolário dessa tese, Darwin propõe uma segunda: a de que as modificações dos descendentes ocorrem por meio de uma seleção natural.

A junção das ideias, que posteriormente seriam melhor elaboradas por outros cientistas, da teoria dos descendentes modificados e da seleção natural apontava para uma chave analítica bastante divergente daquelas até então desenvolvidas sobre a gênese das criaturas vivas na Terra. Podia-se inferir que, ao invés de rupturas *abruptas* entre as espécies que convivem no planeta, há um contínuo no tempo de complexizações e modificações que permitem que haja um grau, maior ou menor, de variabilidade entre as espécies.

Nesse sentido, os elementos que conferem tamanho destaque aos seres humanos perdem força, na medida em que esses são

> somente uma [espécie] dentre os animais. As similitudes frequentemente observadas entre macacos, primatas e humanos tinham uma explicação natural: [e]m algum ponto de um passado remoto, eles compartilharam um ancestral em comum.[66]

Essa afirmação proporciona um giro radical no entendimento das vivências de humanos e animais na Terra. A partir do momento em que a descontinuidade entre espécies é rechaçada e a continuidade é proposta, a análise tanto de humanos quanto de animais deixa de ser uma abordagem feita isolada e pontualmen-

66 BRADIE. *The moral life...*, *op. cit.* p. 550.

te e passa a ser admitida como um "pensamento de populações."[67]

A coletivização do pensamento da origem da vida possui duas consequências. A primeira delas é o afastamento das explicações transcendentais ou mitológicas da origem da vida como uma dádiva ou um presente. Nesse sentido, a ciência passa a enxergar os fenômenos naturais por meio das lentes da evolução, e não da criação por uma entidade transcendental cuja inteligência engendra o mundo da vida. A segunda encontra-se na busca por conectividade entre os organismos viventes que habitaram ou habitam um ecossistema. Essa ideia é chamada por Darwin de *anagênese* e *cladogênese* – conceitos centrais para a compreensão da ideia de evolução.

Por meio das observações coletadas a bordo do *Beagle*, Darwin evidencia que a linhagem evolutiva é conectada a um "movimento 'para cima' de uma linhagem evolutiva, a transformação gradual de um ancestral e de seus descendentes diretos."[68] Esse movimento corresponde à anagênese.

Por sua vez, a cladogênese diz respeito ao surgimento de novos galhos ou ramificações na escala filogênica. Para o inglês, as linhagens evolutivas, na medida em que se subdividem, dão origem a um movimento de especificação, capaz de originar novos ramos. Ainda,

> [a cladogênese] sempre se inicia com um evento de especiação, mas o novo clade pode se tornar, com o tem-

---

67 POWELL, Russell. "On the nature of species and the moral significance of their extinction". In: BEAUCHAMP, Tom. FREY, Raymond G. (eds.). *The Oxford handbook of animal ethics*. Oxford: Oxford University Press, 2013. p. 606.

68 MAYR. *O que é...*, *op. cit.* p. 31.

> po, um ramo importante da árvore filogênica, divergindo cada vez mais do tipo ancestral [...]. A anagênese e a cladogênese são processos praticamente independentes.[69]

A partir das noções de anagênese e cladogênese, é possível traçar de modo lógico os elementos que compõem a emergência do conceito de evolução.

A análise evolutiva da história dos organismos vivos foi responsável por uma ruptura importante na análise da pergunta acerca da conceituação dos animais. Por meio da admissão da teoria da evolução, rompe-se com a argumentação essencialista e finalista. Dessa forma, rompe-se, por completo, com a aplicabilidade do dualismo cartesiano à conceituação tanto de humanos quanto de animais.

O primeiro elemento a ser analisado no âmbito da referida ruptura é a ideia de variabilidade populacional. Para Darwin, uma das especialidades da ideia de evolução é o fato de que as espécies não se encontram isoladas e imutáveis no tempo. Nesse sentido, organismos vivos "não são classes constantes (tipos), e sim populações variáveis."[70]

A variabilidade populacional coloca em xeque uma visão bastante tradicional na análise de humanos e animais, reverberada no pensamento cartesiano e no judaico-cristão: a ideia de que todos os fenômenos naturais podem ser divididos e organizados em substâncias essenciais que são separadas entre si não em graus, mas em rupturas. Nesse sentido, "acredita-se que todas as categorias, tipos e espécies foram criados em separado."[71]

---

69 MAYR. *O que é...*, *op. cit.* p. 32.

70 MAYR. *O que é...*, *op. cit.* p 101.

71 MAYR. *O que é...*, *op. cit.* p. 100.

O segundo elemento a ser levado em conta na noção de evolução corresponde à rejeição ao finalismo. O finalismo, ideia não darwinista que povoou a biologia dos séculos XIX e XX, indica que os seres vivos tendem à perfeição. Nesse sentido, supunha-se que havia uma ideia de final-perfeito para os organismos vivos, e que os seres humanos ocupariam esse lugar, em uma escala que evolui desde os organismos mais simples até os mais complexos. De fato,

> [a]queles que acreditavam no finalismo supunham que a evolução ocorria necessariamente do inferior para o superior, do primitivo para o avançado, do simples para o complexo, do imperfeito para o perfeito. Postulavam a existência de uma força interna inerente [...].[72]

Ainda, um outro contraponto à ideia cartesiana de que animais eram meros autômatos, e, portanto, desprovidos da capacidade para engendrar comportamentos racionais, uma vez que neles estava ausente o substrato imaterial – alma, mente –, foi rompido por Darwin. Para o inglês, e, a partir da sua visão de biologia evolutiva, animais *necessariamente* possuem mentes, que são diferidas em graus, mas não em tipo, daquela presente em seres humanos. Nesse sentido, é impossível sustentar que há uma ruptura abrupta na escala evolutiva que é capaz de justificar que em um momento da árvore evolutiva houve o surgimento espontâneo do caráter mental em uma espécie, mas não nas outras.[73]

Tendo isso em mente, é necessário observar que há quatro conceitos que dão lógica à emergência da ideia de evolução. O

---

72 MAYR. *O que é...*, *op. cit.* p. 103.

73 DARWIN, Charles. *The descent of man and the selection in relation to* sex, v. 1. Cambridge: Cambridge University Press, 2009. p. 34-69.

primeiro deles corresponde à ideia de desenvolvimento coletivo, ou, em populações.

2.3.2.1 A evolução contemporânea: a releitura de Darwin e a remodelagem da ideia de evolucionismo à luz de novas evidências

É possível asseverar que, via de regra, a teoria da evolução é comprovável cientificamente. Dentre todas as explicações para a origem da miríade de formas de vida que hoje coabitam o planeta, a teoria da evolução é certamente a mais sustentada por estudiosos.

A análise da continuidade das espécies leva Darwin a propor que o hiato entre humanos e animais é muito mais sutil e tênue do que propunha a ideia cartesiana do mundo cindido entre duas substâncias – matéria e não matéria. Para ele,

> [n]uma série de formas, que passam gradativa e insensivelmente de alguma criatura semelhante ao macaco até o homem e como ele agora existe, seria impossível fixar-se em qualquer ponto definido em que o termo 'homem' deva ser usado.[74]

Entretanto, desde o conceito elaborado por Charles Darwin até os dias atuais, a ideia de evolução passou por drásticas reformas.

A primeira remodelagem concerne à própria ideia de contínuo evolutivo. Para Darwin, havia uma linha do tempo bastante lógica capaz de conectar as espécies em um prosseguimento guiado pelas regras da evolução, tais como a anagênese, a clado-

---

74 DARWIN. *The descent of...*, *op. cit.* p. 235.

gênese e a seleção natural. Todavia, sabe-se, hodiernamente, que a seleção natural, muito embora seja observável, não obedece um contínuo tão regular evolutivo. Antes, ela

> não parece capaz de explicar todas as diferenças entre as espécies sem dar algum espaço para as mutações aleatórias [...]. A evolução não se desenrolou no ritmo contínuo postulado na época de Darwin, mas parece ter se assemelhado a um estado de equilíbrio pontuado por espasmos e guinadas.[75]

O legado de Darwin e a sua hipótese postulada da evolução deu espaço à busca, por parte de cientistas, pela demonstração de que tal teoria era de fato observável no mundo concreto.

Uma análise geral da teoria da evolução a partir do referencial darwiniano indica que os organismos viventes na Terra são oriundos não de uma entidade ou criação metafísicas ou transcendentais, mas da derivação de grupos ancestrais e da influência do ambiente. Ainda, esses organismos que descendem podem também gerar novos organismos.

A demonstração dessa teoria como uma explicação válida à análise da existência ou não de um hiato substancial entre humanos e animais depende de um recorte eminentemente interdisciplinar.

Uma das evidências mais cabais de que a evolução de fato ocorre encontra-se nos achados de registros fósseis. Esses são considerados os elementos mais fortes de que se tem notícia para traçar a história e o caminho da evolução ao longo do tempo.

---

75 FERNÁNDEZ-ARMESTO, Felipe. *Então você pensa que é humano?* Uma breve história da humanidade. Trad. Rosaura Eichemberg. São Paulo: Companhia das Letras, 2007. p. 119.

Os estudos em paleontologia, datação de fósseis e análises de vestígios por datação de isótopos radioativos foram a primeira fonte de evidência da evolução como um fenômeno concreto atuante no mundo. Muito embora as espécies encontradas não apresentasses uma linearidade definida, mas lacunas consideráveis em sua história, pode-se perceber que a evolução ocorria.[76]

A inversão na lógica cartesiana de se analisar o caráter de animais é, portanto, um dos corolários da admissão da teoria da evolução. A admissão de rupturas entre humanos e animais, responsável por destacá-los em um hiato tão substancial, é, portanto, falsa.

No lugar do argumento de que seres humanos e animais são separados ontológica e categoricamente pela presença de um elemento imaterial como uma alma, pode-se afirmar, em sentido contrário, que não existe tal descontinuidade. Ainda, deve-se notar que comportamentos observáveis em espécies são explicáveis sob o ponto de vista materialista, e que a evolução é a chave para que se compreenda que

> estruturas físicas complexas emergem de estruturas mais simples através de um processo de modificação que ocorre por vias da seleção natural; e, como argumenta Turing, mesmo a *capacidade* para um engajamento linguístico flexível pode ser explicada por meio de uma explanação mecanicista [...]. Tais explicações viram-se para o passado da história evolutiva de um organismo, e para o futuro, na arquitetura [...] que implementa as suas capacidades de se comportarem em várias formas.[77]

---

76 MAYR. *O que é...*, *op. cit.* p. 35.

77 HUEBNER. *Minimal minds. Op. cit.* p. 449.

Um dos estudos mais emblemáticos conduzidos por Darwin para exemplificar a sua teoria é o conduzido em minhocas. Ele observou que esses animais tendem a conectar os buracos por eles cavados com folhas e gravetos de vários tamanhos, e que havia constância e uniformidade nesse comportamento, de forma que eles não eram aleatórios ou puramente instintivos.[78]

De fato, as minhocas observadas desempenhavam um comportamento estratégico para a obtenção de conexão entre os buracos, por meio da metodologia de tentativa e erro. Com isso em mente, Darwin conclui que as minhocas devem ser vistas como detentoras da capacidade de aprender pela experiência de diferenciar os vários tipos de folhas e gravetos.

> se as minhocas possuem o poder de adquirir alguma noção, ainda que rudimentar, da forma de um objeto e de seus buracos, como parece ser o caso, elas merecem ser chamadas de inteligentes; já que elas podem agir da forma que um ser humano, sob tais condições, agiria.[79]

O modelo proposto pela teoria da evolução permite concluir que há, de fato, um contínuo observável em toda a composição dos organismos vivos terrestres. Ainda, a partir desse recorte, é possível sustentar que inexistem rupturas abruptas que separam humanos de animais. Principalmente, por meio dela foi possível perceber que "os humanos, em particular, partilham uma ascendência comum com outros animais."[80]

---

78 DARWIN, Charles. *The formation of vegetable mould through the action of worms*. Chicago: Chicago University Press, 1985. p. 93.

79 DARWIN. *The formation of...*, *op. cit.* p. 97.

80 FERNÁNDEZ-ARMESTO. *Então você pensa...*, *op. cit.* p. 119.

O corolário que a teoria da evolução deixa à resposta à pergunta "o que é um animal" é a ideia de que é impossível precisar pontualmente um momento em que a ruptura entre humanos e animais ocorreu. Acima de tudo, a busca por precisar tal momento é, de acordo com o próprio Darwin, "uma questão de pouca importância."[81]

Portanto, a superação do automatismo cartesiano aplicada à relação entre humanos e animais indica que

(i) inexiste objetivamente uma ruptura pontual que justifique a posse de mentes em uns, mas não em outros;

(ii) humanos e animais não são separados por um universo cindido entre duas substâncias distintas e incomunicáveis;

(iii) animais são seres capazes de engendrar comportamentos superiores.

Esses três pontos são corroborados pela antropologia etológica.

2.3.3 A antropologia etológica: desmistificando a singularidade humana

A análise antropológica do conceito de animais compartilha um substrato analítico com a filosofia moderna: ambas buscam, como fim, a definição do conceito de *ser* humano e, para tanto, usufruem das vantagens de uma análise comparativa para com os demais animais.

---

81 DARWIN *in* FERNÁNDEZ-ARMESTO. *Então você pensa...*, *op. cit.* p. 120.

De acordo com o historiador Felipe Fernández-Armesto, o caractere mais distintivo da narrativa elaborada sobre si mesma tem sido a busca pela diferenciação entre essa e os demais animais. Nesse sentido, "[a] fronteira da identidade humana debatida por mais tempo é aquela entre os humanos e os outros animais."[82]

A busca por traços comportamentais que sejam capazes de distinguir categoricamente essas criaturas se enquadra em um projeto amplo de elucidação de qual ou quais elementos comporiam a *singularidade humana*. No entanto, à luz da leitura antropológica e da recepção científica da teoria da evolução, a perquisição por fontes pontuais da singularidade humana perante outras espécies tem se demonstrado inócua e equivocada.

A reivindicação humana do ápice moral das formas de vida não é uma pretensão recente. De fato, é possível dizer que esse é um debate presente em grande parte das civilizações humanas. Um dos caracteres mais distintivos entre essas criaturas era a posse de uma alma – argumento já superado na seção acima.

Superado o hiato substancial transcendente entre humanos e animais por meio da biologia evolutiva, surge um outro obstáculo à conceituação do que seria um animal.

Isso porque, além do critério cartesiano que vincula animais a autômatos, outro fora elencado como distintivo entre humanos e animais: a posse do substrato cultural. A cultura, de acordo com o recorte antropológico tradicional, é considerada o marco essencial que separa humanos de animais, sendo um domínio exclusivo dos humanos.

---

82 FERNÁNDEZ-ARMESTO. *Então você pensa...*, *op. cit.* p. 18.

Sob o recorte da posse da capacidade para cultura, é possível afirmar que a tradição antropológica tende a dizer que animais não são seres vivos inclinados ao desempenho de habilidades culturais.

De acordo com o antropólogo Tim Ingold,

> [a] antropologia delimitou classicamente a sua reivindicação sobre a unicidade humana através do conceito de cultura, ainda que, como sugere Ingold, os antropólogos nunca tenham chegado a um consenso sobre o que é a cultura.[83]

Para que seja possível endereçar corretamente a questão sobre condição animal no que tange à alegada singularidade cultural humana, faz-se imprescindível enfrentar o dualismo posto entre natureza e cultura.

2.3.3.1 Para além da natureza ou da cultura: um novo olhar sobre a antropomorfização cultural

A definição mais amplamente aceita de "cultura" indica que essa corresponde a "qualquer comportamento difundido que seja transmitido pelo aprendizado em vez de adquirido por herança."[84]

A partir desse conceito, é possível evidenciar que a cultura é, via de regra, analisada sob um recorte binário: ou um comportamento é aprendido ou ele é hereditário. Por esse ângulo, pode-se concluir que a visão tradicional acerca do problema da existência de cultura nos demais organismos viventes se encaixa na dicotomia entre o domínio da natureza e o da cultura.

---

83 INGOLD. *What is an...*, *op. cit.* p. 11.

84 FERNÁNDEZ-ARMESTO. *Então você pensa...*, *op. cit.* p. 34.

O pensamento científico ocidental possui como uma de suas bases estruturantes a tendência a abordar-se um determinado assunto de modo dicotômico. Como já fora observado no presente trabalho, uma das expressões mais destacadas dessa tônica encontra-se no endereçamento do problema que concerne à relação entre mente e corpo – os domínios materiais e imateriais. Outra afamada dicotomia presente no pensamento ocidental é a que "separa dois mundos da humanidade e da natureza."[85]

Essa dicotomia é responsável por tomar as análises sobre os fenômenos sociais e da natureza biológica como ramos separados da investigação científica. Assim, percebe-se que há o costume de desmembrar os domínios da antropologia e da biologia como duas frentes críticas singulares.

Para o antropólogo Tim Ingold, isso é perceptível no fato de que

> antropólogos sociais ou culturais preferem ler o trabalho de historiadores, linguistas, filósofos e críticos literários; antropologistas da biologia ou da física preferem dialogar com os colegas de outros campos da biologia ou da biomedicina.[86]

Muito embora a tradição ocidental seja de fato a de se analisar a antropologia social em separado da análise biológica, essa metodologia possui falhas e é passível de críticas. Isso porque uma análise que prescinde de evidências biológicas, biomédicas e genéticas, dentre outras, demonstra-se ser extremamente lacunosa. Ainda, como já observado na seção acima, a vivência tanto de humanos quanto de animais na Terra é permeada pela influência da

---

85 INGOLD. *The perception of...*, *op. cit.* p. 1.

86 INGOLD. *The perception of...*, *op. cit.* p. 2.

biologia nas características, filogenia e genética dos seres viventes. Assumir que existem dois domínios, o social e o biológico, e que eles são desmembrados analiticamente, é simplificar uma discussão que necessita, eminentemente, de uma recorte interdisciplinar. Ainda, para Ingold, deve existir algo errado em uma antropologia "social ou cultural que não pode contemplar o fato de que seres humanos são organismos biológicos que evoluíram, e que passam por um processo de crescimento e desenvolvimento, assim como outros organismos."[87]

No mesmo sentido, parece equivocado analisar aspectos biológicos da evolução das espécies animais e humanas de modo desvinculado da influência das biotas e do meio em que esses seres encontram-se inseridos. Nessa lógica, percebe-se que o curso da vida de seres viventes é entrelaçado à miríade de interação entre os seres pontuais, o ambiente em que eles estão inseridos, as suas composições biológicas e a interação entre as diferentes espécies que convivem no planeta.

A superação da dicotomia entre natureza e cultura, por meio de um recorte que intersecciona biologia e antropologia, é, assim, imprescindível, para que se possa encaminhar propriamente a resposta à pergunta sobre a compleição dos animais. Nesse passo, o fato de haver seres viventes cujos genes correspondem à

> específica combinação [...] produzida pela seleção natural não significa que eles também não podem ser sujeitos de tradições culturais que podem ser transmitidas adiante por meio de um processo de aprendizado que é, de alguma forma, análogo, mas ao mesmo passo fundamental-

87 INGOLD. *The perception of...*, *op. cit.* p. 2.

mente distinto, do processo da replicação genética.[88]

Assim, animais devem ser analisados não de modo isolado, como propunha o recorte cartesiano-dualista. Antes, esses seres devem ter reconhecido o seu caráter enquanto organismos inseridos em um ambiente. Essa proposta se encaixa na suplantação de uma argumentação essencialista – no presente caso representada pela visão de que animais são seres autômatos devido à ausência de uma mente ou pela visão de que animais são estritamente o produto meramente biológico de uma sucessão de eventos causados pelos movimentos ascendentes e descendentes da seleção natural – por um recorte que intersecciona biologia e a importância do ambiente no qual animais e humanos encontram-se em vida.

Uma das premissas mais básicas de todo estudo antropológico tradicional é a de que os seres humanos são os únicos viventes que ocupam a posição de domínio do mundo intencional.[89] Como resultado dessa afirmação, extrai-se a ideia de que as únicas criaturas capazes de produzir representações mentais são as humanas.

Para os seres do mundo intencional, os objetos e demais criaturas que vivem no mundo são passíveis de apropriação, que varia de acordo com a representação mental desejada ou aprendida. E esse processo de aprendizado que é transmitido por gerações é chamado de cultura.

Nessa acepção, Ingold afirma que "o ambiente de seres humanos é (...) culturalmente construído", sendo que "a cultura for-

88 INGOLD. *The perception of...*, *op. cit.* p. 2.

89 SCHWEDER, Richard. "Cultural psychology – what is it?" In: STIGLER, James; SCHWEDER, Richard; HERDT, Gilbert. *Cultural psychology*: essays on comparative human development. Chicago: The University of Chicago Press,1990. p. 2.

nece o plano de construção e a natureza é o edifício que é construído."[90] Ainda, tem-se que a

> ontologia ocidental, cujo ponto de partida é aquele de uma mente desvinculada do mundo, e que tem que efetivamente formulá-lo – construir um mundo intencional na consciência – antes de qualquer engajamento.[91]

A visão tradicional da antropologia social e cultural sobre os domínios da biologia e da sociedade pode ser, nesse diapasão, sintetizada. Ela bifurca o seu escopo analítico em dois domínios distintos: o da natureza e o da cultura social. No domínio natural encontram-se organismos animados e inanimados, tais como plantas, entidades inanimadas e animais. O epicentro do domínio natural é, nesse sentido, o organismo. Já o domínio da cultura social possui como epicentro a noção de pessoa. Esses domínios possuem substratos de composição distintos – por isso são analisados em separado. O que vincula o domínio orgânico ao pessoal é justamente o ser humano.[92]

Assim, muito embora o dualismo cartesiano tenha sido rechaçado acima, outro dualismo persiste, pois

> traça-se uma divisão absoluta entre as condições contrárias de humanidade e animalidade, uma divisão que é alinhada a uma série de outras, tais como aquela entre sujeitos e objetos, pessoas e coisas, moralidade e fisicalidade, razão e instinto e, acima de tudo, sociedade e natureza. Sob a visão ocidental da singularidade da espécie

---

90 INGOLD. *The perception of...*, *op. cit.* p. 41.

91 INGOLD. *The perception of...*, *op. cit.* p. 42.

92 Esse esquema é melhor aprofundado no trabalho de Tim Ingold, cf.: INGOLD. *The perception of...*, *op. cit.* p. 45-47.

> humana está o axioma fundamental de que o estado de ser da pessoalidade não está aberto para formas de vida não humanas.[93]

Esse é um dos sustentáculos do dualismo entre humanos e animais aplicados pela antropologia tradicional. De acordo com ele, portanto, os dois domínios da vida, natural e social, encontram-se em troncos distintos: o nível orgânico e o interpessoal. Ao passo em que os animais são relegados a tão-somente o nível dos organismos, seres humanos interagem com ambos os sistemas – tanto o dos organismos quanto o das pessoas.[94]

A abordagem tradicional do problema concernente à definição dos limites – caso existam – entre natureza e cultura, entretanto, não se mostrou capaz de responder satisfatoriamente aos principais questionamentos que emergem da busca pela compreensão desses domínios, quais sejam:

(i) se natureza e cultura são de fato domínios separados e;

(ii) se animais não possuem cultura (ou, em outros termos, se cultura é um traço distintivo da singularidade humana).

---

93 INGOLD. *The perception of...*, *op. cit.* p. 48.

94 Salienta-se que esse recorte é eminentemente ocidental. Há sociedades caçadoras-coletoras que rejeitavam essa separação entre os domínios da natureza e da cultura. É o caso dos Waswanipi. O mundo cultural desse povo tratava como pessoas entidades animais e também o vento, já que para eles parecia que tais entidades possuíam vontade e idiossincrasias semelhantes às das pessoas. Cf.: FEIT, Harvey. "The ethnoecology of the Waswanipi Cree: or how hunters can manage their resources". In: COX, Bruce (ed.). *Cultural ecology*: readings on the Canadian Indians and Eskimos. Toronto: McClelland and Stewart, 1973. p. 115-125.

Os dois questionamentos acima se conectam à busca pela demonstração que a acepção tradicional da noção de animal e da relação entre esses e humanos, norte da primeira parte do presente trabalho, encontra-se equivocada.

Constata-se que a resposta tradicional do Ocidente aponta para a afirmação de que natureza e cultura são, de fato, domínios distintos, e que animais pertencem somente ao primeiro, ao passo que seres humanos efetuam uma ponte entre ambos. Ainda, seguindo a lógica cartesiana, presume-se que animais não são seres culturais – sendo a cultura outro traço da singularidade humana. Essas duas asseverações, entretanto, não guardam lastro em face de releituras contemporâneas da antropologia e de achados científicos na esfera biológica.

2.3.3.1.2 Por que o homem de Cro-Magnon não andava de bicicleta? Uma releitura do problema entre natureza e cultura através da antropologia construcionista

O problema que se insere na discussão ortodoxa entre natureza e cultura corresponde à problematização entre habilidades inatas e habilidades socialmente construídas. Considera-se, tradicionalmente, que os seres viventes são equipados no nascimento com um conjunto biológico tal que possa ser chamado de *natureza*, e que, a partir dele, elementos externos à biologia com a qual seres nascem integram esse organismo, de forma a equipá-lo com composições sociais ou culturais.

Nesse sentido, uma abordagem tradicional do problema antropológico situado no interim entre natureza e cultura tende a sustentar que elementos culturais, como ferramentas ou objetos de uso cotidiano, são acoplados ao organismo biológico, em uma lógica que pode ser comparada à noção de *inputs* e *outputs*. Assim, um ser possui pré-requisitos básicos, como anatomia, morfologia e genética, aos quais um determinado objeto é assimilado e acoplado. Tim Ingold propõe, contudo, uma releitura dessa visão ortodoxa, à luz de uma análise do homem de Cro-Magnon.

O homem de Cro-Magnon, descoberto por Louis Lartet em 1868, em um vilarejo na França, corresponde a um hominídeo que viveu durante o período Paleolítico. Em comparação aos homens de Neandertal e do *Homo erectus*, possui a maior similitude ao ser humano contemporâneo. A paleoantropologia contemporânea considera que esse exemplar "é incluído, juntamente com todas as subsequentes e presentes populações humanas, dentro da sub-específica taxonomia do *Homo sapiens sapiens*."[95]

De acordo com Ingold, esse hominídeo, caso tivesse vivido nos tempos atuais, teria o potencial para desempenhar tarefas em pé de igualdade com o *Homo sapiens sapiens*.

> Caso eles tivessem nascido em nosso tempo, e sido criados em uma sociedade como a nossa, eles teriam indubitavelmente sido capazes de fazer todas as coisas que fazemos: ler e escrever, tocar piano, dirigir carros, andar de bicicleta e assim por diante. Isso é, eles tinham o *potencial* para fazer todas essas coisas, um potencial que, apesar disso, não foi evidenciado nas suas próprias histórias de vida.[96]

Em face dessa descoberta, asseverou-se que a similitude biológica para com os seres humanos contemporâneos é irrele-

---

95 HOWELLS, William. *Mankind in the making*: the story of human evolution. Harmondsworth: Penguin Publishers, 1967. p. 240.

96 INGOLD. *The perception of...*, *op. cit.* p. 373.

vante, uma vez que o elemento cultural, o *input*, encontrava-se ausente. Nesse sentido, seria impossível traçar quaisquer paralelos entre os Cro-Magnons e os *Homo sapiens sapiens*, dado que eles são anatômica e biologicamente semelhantes, mas culturalmente distintos. Isso porque, de acordo com a teoria tradicional da antropologia, o que separa esses hominídeos, além do hiato de mais de trinta mil anos, corresponde à raiz do problema entre natureza e cultura: Cro-Magnons e *Homo sapiens sapiens* são semelhantes biologicamente, mas são separados pelo elemento histórico-cultural, tornando-os seres radicalmente distintos e incomparáveis. O que separa, portanto, esses dois seres, é um processo não de evolução, mas de história.

Essa divisão possui a mesma lógica da utilizada contemporaneamente pela visão da antropologia tradicional para distinguir humanos de animais. Ainda que haja, nesse sentido, um histórico evolutivo a ser considerado, e que de fato organismos humanos e animais compartilhem a história darwiniana de serem ramos de um mesmo tronco evolutivo, esses seres são radicalmente opostos, em face do elemento cultural.

Presume-se, nessa afirmativa, que o domínio cultural é algo eminentemente humano e histórico, um domínio segregado em relação às demais espécies, reiterando, portanto, a visão de que o âmbito da natureza é relegado aos organismos vivos, tais como plantas e animais, e o da cultura é exclusivos dos humanos. Entretanto, essa leitura tradicional do problema entre natureza e cultura pode ser questionada por meio de um recorte eminentemente materialista da visão tanto da evolução das espécies quanto da própria historicidade da cultura. Para enfrentar tal análise, Tim Ingold utiliza-se de um experimento mental e propõe ao exame do problema o seguinte questionamento: por que o homem de Cro-Magnon não pedalava uma bicicleta? A resposta tradicional, que corrobora a visão da antropologia ortodoxa acima elucidada, indica que "a razão pela qual o homem de Cro-Magnon não pedalava não tem a ver com a sua biologia (...). [A] razão é histórica, e não evolutiva."[97] Dado o contexto em que esse ser estava inserido, inexistia à época objeto tal como uma bicicleta. Portanto, a resposta é simples: ele não pedalava pois, muito embora estivesse equipado com uma biologia para tanto, não possuía o elemento cultural da posse e o domínio de uma bicicleta. Contudo, um olhar contemporâneo a essa resposta demonstra que ela é errônea.

Para chegar a essa conclusão, Ingold analisa comparativamente as habilidades de andar e pedalar. Admite-se que andar como bípedes é uma habilidade inata aos seres humanos, ao passo que pedalar é um processo oriundo do decurso da enculturação. Contudo, mesmo a habilidade de andar não é inata. É, antes, um processo emergente que ocorre por vias da educação e mimetização de comportamentos. É uma habilidade fruto de um processo de *aprendizado*, que envolve um indivíduo, engajamento com o ambiente em que esse está inserido, e cuidadores já hábeis em tal comportamento. Nesse sentido,

> a grande maioria das crianças aprende a andar em um determinado período [...]. [O] bebê não vem ao mundo pisando como um bípede, mas vem com um cronograma de desenvolvimento pré-arranjado que garante que ele irá andar, desde que, entretanto, a ele seja fornecidas certas condições presentes em seu ambiente.[98]

---

97 INGOLD. *The perception of...*, *op. cit.* p. 374.

98 INGOLD. *The perception of...*, *op. cit.* p. 375.

A habilidade de andar não é independente, portanto, do contexto informacional em que esse indivíduo está inserido. Nota-se que a biologia não é um mero *input* para a cultura. Caso esse infante seja privado de circunstâncias ambientais, tais como cuidadores improficientes no andar.

Assim, habilidades só podem ser consideradas *inatas* em função do próprio ambiente – e da relação que indivíduos travam com seus pares. Ainda de acordo com Ingold, percebe-se que a capacidade para a locomoção bípede somente é evidenciada na presença de elementos ambientais que permitem o seu florescimento. Inclusive, o bipedismo "não pode ser atribuído ao organismo humano a não ser quando o contexto ambiental integre a especificação daquilo que esse organismo é."[99]

O processo que ocorre com o bipedismo também ocorre no caso do andar-se de bicicleta. Assim como o andar, o pedalar é, da mesma forma, um processo de aprendizado ambiental. As condições do pedalar, contudo, são mais extensas.

Inicialmente, requer-se um objeto para além do próprio corpo: a bicicleta em si. Entretanto, o requerimento da presença de um objeto, por si só, é critério insuficiente para que os domínios da natureza inata e da cultura aprendida sejam desmembrados. Como lembra Ingold,

> é tão errado supor que a [habilidade de] pedalar é dada de modo exógeno (independente do organismo humano) quanto é supor que a [habilidade de] andar é dada endogenamente (independente do ambiente). Tanto andar quanto pedalar são habilidades que emergem em contextos relacionais do desenvolvimento da criança em

99 INGOLD. *The perception of...*, *op. cit.* p. 375.

> seu ambiente, e são, portanto, propriedades do sistema em desenvolvimento constituído por essas relações.[100]

O que se extrai dessas investigações é o fato de que (i) a diferenciação entre natureza inata e cultura construída é mitigada pela noção de que elas são interdependentes e (ii) um ser inserido em um determinado ambiente não pode ser similar a um ser inserido em um ambiente completamente distinto.

Assim, a comparação entre o homem de Cro-Magnon e o *Homo sapiens sapiens* não pode ser feita nessa base. Isso porque aquele era, "na verdade, uma criatura diferente do cidadão urbano de hoje, que pedala ou dirige carros. Ele não era 'como nós' – nem mesmo biologicamente", dado que a biologia também é moldada pelo ambiente.[101]

É de se notar que, à luz da antropologia contemporânea, o debate acerca do determinismo que perpassa a discussão entre natureza e cultura encontra-se, de fato, obsoleto. Dá-se lugar para abordagens como a construcionista, de Ingold: uma perspectiva interacionista, que leva em consideração o fato de que habilidades – mesmo as culturais – necessitam de imersão em um ambiente determinado para que possam emergir.

Pode-se concluir que um organismo, humano ou animal, é um produto de uma organização complexa que emerge da interação entre genética e fatores ambientais.[102] Assim, não é possível afirmar que o domínio da natureza é inato e que as habilidades culturais são construídas. Antes, tanto a biologia quanto a cultura

---

100 INGOLD. *The perception of...*, *op. cit.* p. 375.

101 INGOLD. *The perception of...*, *op. cit.* p. 376.

102 Essa ideia será o cerne da conclusão do presente trabalho, e será melhor discutida na Parte III.

são condições que se interseccionam em uma perspectiva de interação e engajamento com o ambiente.

Dizer, portanto, que a cultura é um elemento distintivo e que aponta para a singularidade da espécie humana é algo equivocado. Seres humanos não nascem biologicamente inclinados à cultura: eles são, antes, biológica e culturalmente construídos.

Mais além, estudos contemporâneos indicam que, superado o hiato que mitiga a relação entre natureza e cultura como sendo um binômio, evidências foram angariadas no sentido de apontar também a presença do elemento cultural em diversas comunidades de animais.

2.4 Animais e cultura: uma interseção necessária com a primatologia

O domínio cultural é uma das últimas barreiras a serem erguidas no que tange à ideia de singularidade humana perante as outras espécies. Em conjunto com a ideia de que seres humanos são únicos pela posse de uma alma racional e da separação efetuada por meio da biologia, a ideia de que o ser humano é o único animal cultural é bastante difundida. Ela, contudo, é também uma fronteira falsa a ser utilizada para definir a noção de animal.

A afirmação de que a cultura "é um tesouro exclusivamente humano"[103] corresponde, de acordo com Fernández-Armesto, a um dos maiores indicadores daquilo que um animal não é: um animal cultural.

Dois elementos são elencados pela história como *marcadores da culturalidade*. Isto é, dentre um conjunto de elementos,

103 FERNÁNDEZ-ARMESTO. *Então você pensa...*, *op. cit.* p. 20.

existem aqueles que se destacam na definição de presença ou ausência de cultura em sociedades ou comunidades. São eles, notadamente, a posse da habilidade para criar inovações a partir do ambiente e a posse da linguagem.

Esses dois domínios foram pensados como exclusivamente humanos, e capazes de distinguir, de forma cabal, o que é um humano e o que é um animal.

O uso de ferramentas como definidor do hiato cultural entre as espécies é uma das primeiras barreiras a serem facilmente derrubadas. As contribuições de ramos do conhecimento como o *behaviorismo* e a primatologia foram cabais para que se evidenciasse que tanto humanos quanto demais animais são capazes de produzir ferramentas e estratégias a partir do ambiente em que estão inseridos.

A primatologia corresponde ao estudo da ordem dos primatas. Dentro da ordem dos primatas encontram-se animais como macacos do novo e do velho mundo, lêmures, bonobos, chimpanzés, orangotangos, gorilas e os seres humanos.[104]

Dentro do campo da primatologia, destacam-se os estudos de Jane Goodall, em face das suas contribuições para ruptura do modelo binário que distingue humanos de animais pela posse da cultura.

Jane Goodall, considerada pioneira na primatologia comparativa, estudou por anos o comportamento de chimpanzés. Em seus estudos, pode-se perceber que mesmo sem o contato direto ou indireto com seres humanos, esses primatas são capazes de fabricar e construir ferramentas. Por meio do molde de ramos

---

104 Cf.: CARTMILL, Matt; SMITH, Fred; BROWN, Kaye. *The human lineage*. Nova Iorque: John Wiley and Sons, 2011.

e ganhos, eles são capazes de elaborar instrumentos capazes de invadir ninhos de cupins. Ainda, eles confeccionam esponjas por meio da mastigação de folhas.[105]

Evidencia-se, também, uso e confecção de ferramentas em macacos selvagens e chimpanzés:

> [n]a floresta de Bossou, na Guiné, os macacos selvagens usam, para quebrar castanhas, praticamente a mesma tecnologia empregada pelos humanos que habitam o mesmo ambiente: duas pedras – uma como bigorna, a outra como martelo; enquanto isso, no alto das árvores, os chimpanzés utilizam talos de folhas para perfurar a medula da palmeira em busca de fibra e da seiva tão nutritivas. Na floresta Tai, na Costa do Marfim, os chimpanzés manejam peras de dez quilos de modo similar para quebrar a enorme carapaça do fruto da panda, muitas vezes moldando um pequeno ramo para extrair o miolo mais inacessível [...]. É claro que essa não é uma *habilidade inata: ao contrário, um jovem chimpanzé leva, em média, três anos para aprender a técnica básica, que requer boa dose de delicadeza, e cinco anos para dominá-la com proficiência.* (Grifo nosso)[106]

Um problema, entretanto, mais complexo, encontra-se na interseção entre linguagem cultural como elemento distintivo entre humanos e animais.

Inicialmente, o problema instaura-se na ordem metodológica: a averiguação da capacidade para a linguagem e o seu desenvolvimento concreto como sendo elemento que coaduna com

---

105 GOODALL *in* FERNÁNDEZ-ARMESTO. *Então você pensa...*, *op. cit.* p. 20-21.

106 FERNÁNDEZ-ARMESTO. *Então você pensa...*, *op. cit.* p. 20.

a ideia de singularidade humana pressupõe estudos em comunidades de humanos que são privados da imersão em práticas de ensino de linguagem. Esses estudos, tanto pela dificuldade de isolamento de humanos quanto pelo questionamento da eticidade no que tange a tal procedimento, são raros.

Um dos experimentos desse tipo de que se tem notícia foi documentado por Francisco II, na Sicília, Itália do século XIII. Foi um experimento malsucedido, tendo em vista que as crianças utilizadas ao longo do estudo morreram.[107]

O século XX foi marcado pelos estudos em linguística desenvolvidos por Noam Chomsky. O linguista, por meio de estudos com crianças que aprendiam a ler e escrever, e impressionado com a facilidade de combinação e recombinação de palavras entre os humanos, postula que existem partes do discurso humano que são compartilhadas por todos os membros dessa espécie. A essa estrutura essencial e universal, Chomsky chamou de "estruturas-D", que correspondem às

> partes do discurso [...], relações entre os termos a que damos o nome de gramática e sintaxe, comuns a todas as língua. Isso sugeriria um elo entre as estruturas da linguagem e o cérebro: aprendemos rápido as línguas porque a sua estrutura já é parte do modo como pensamos.[108]

A vinculação entre linguagem e o cérebro humano indica que, de fato, há um *lócus* no aparato mental humano que seja capaz de codificar a linguagem de modo substratamente uniforme em todos os indivíduos humanos. Para Chomsky, o fato de que há estruturas-D que permitem a universalidade da linguagem em

---

107 FERNÁNDEZ-ARMESTO. *Então você pensa...*, *op. cit.* p. 21.

108 CHOMSKY *in* FERNÁNDEZ-ARMESTO. *Então você pensa...*, *op. cit.* p. 22.

cérebros humanos é critério que distingue humanos de animais e promove a singularidade da espécie humana sobre as demais. Não sendo um produto evidente da evolução, as estruturas-D correspondem a uma faculdade inata, um "instinto de linguagem (...) que sem dúvida colocaria os humanos numa categoria especialmente privilegiada na natureza."[109]

Ainda que Chomsky rejeite a ideia de que seres humanos são o ponto máximo da evolução, a sua ideia da linguagem universal parece equivocada, à luz dos estudos que interseccionam linguística e neurociência.

Sabe-se, hodiernamente, que o processo de aquisição da linguagem e domínio da leitura e da escrita são centrais para o desenvolvimento da espécie e das sociedades humanas. Foi sugerido, recentemente, que esses processos não correspondem a habilidades inatas ou mesmo universais, como a linguística tradicional sugeria, mas sim aquisições evolutivas. Nesse sentido, Maryanne Wolf indica que

> [n]ós nunca nascemos prontos para ler. Os seres humanos inventaram a leitura há somente cerca de poucos milhares de anos. E, com essa invenção, a própria organização cerebral foi rearranjada, o que, por conseguinte, expandiu as formas através das quais é possível raciocinar, alterando, assim, a evolução intelectual da espécie humana.[110]

Assim, somente é possível adquirir uma habilidade como a linguagem ou a leitura caso um sistema complexo, como um corpo material inserido em um ambiente, seja plástico e mol-

---

109 FERNÁNDEZ-ARMESTO. *Então você pensa...*, *op. cit.* p. 22.

110 WOLF, Maryanne. *Proust and the squid*: the story and science of the reading brain. Nova Iorque: Harper Perennial, 2008. p. 3.

dável o suficiente para que seja rearranjado em função dessa habilidade.

> Ainda assim, complexidade e organização linguística afetam diretamente as próprias estruturas corporais de corpos. Nesse sentido, as estruturas cerebrais, por exemplo, de leitores de mandarim são significativamente diferentes daquelas de leitores de inglês. Com isso, quando um chinês lê em inglês pela primeira vez, eles tendem a recrutar as estruturas cerebrais específicas do chinês, já que '[o] ato de aprender ideogramas em chinês literalmente moldou o cérebro do leitor em chinês'.[111]

A capacidade para linguagem, portanto, não corresponde a um "superpoder" mental, mas a uma construção que está longe de ser inata, e, da fato, *molda* a biologia, processos e demais eventos mentais de um indivíduo falante.

Ainda, a ideia de que somente humanos possuem linguagem é absurda, sob a luz da teoria da evolução. Não é possível justificar evolutivamente a presença de uma habilidade em uma criatura, mas não em nenhuma outra em algum ponto da história da evolução dos organismos viventes.

É possível evidenciar sistemas de comunicação altamente sofisticados em diversos animais, ainda que não contem com o grau de requinte e refinamento da linguagem humana. Macacos, em geral, possuem um sistema de comunicação entre si bastante complexo, que envolve desde vocalizações a gestos e caretas, ain-

---

111 NASSER CURY, Carolina Maria. STANCIOLI, Brunello. CARVALHO, Nara. LOPES, Laís. "An adequate concept of human body: debunking mind-body dualism". In: STANCIOLI, Brunello. PIETRZYKOWSKI, Tomasz. *New approaches to the personhood in Law*: essays in legal philosophy. Frankfurt am Main: Peter Lang, 2016. p. 53.

da que a comunicação desses animais seja predominantemente não verbal.[112]

É interessante notar, novamente, a peremptória influência do ambiente na emergência de comportamentos. Macacos e primatas, uma vez inseridos em ambientes de humanos,

> aprendem a empregar a linguagem com os companheiros humanos com uma fluência espantosa, usando a linguagem convencional de sinais ou linguagem de código simbólico perfuradas a partir de teclados como o de um computador. O cérebro dos macacos parece bem adequado para desenvolver o estilo humano de linguagem, com áreas análogas às de Broca e Wernicke – as áreas mais envolvidas no processamento e na produção da fala humana. Na verdade, os chimpanzés têm se mostrado melhores, de modo geral, em aprender a linguagem humana do que os pesquisadores humanos em dominar a comunicação dos macacos [...].[113]

Muito embora primatas consigam efetivamente dominar parte dos idiomas humanos, esse conhecimento até hoje se tem demonstrado ser bastante limitado. O universo de aprendizado de um primata como um chimpanzé ou um orangotango engloba cerca de cento e cinquenta a duzentas palavras ou termos.

Parece razoável afirmar que há sociedades animais que desempenham atividades similares à linguagem, tal qual os seres humanos a concebem. Mais ainda, parece legítimo afirmar que a cultura não é um domínio exclusivamente humano.

Isso porque, caso a acepção mais difundida de cultura seja

---

112 FERNÁNDEZ-ARMESTO. *Então você pensa...*, *op. cit.* p. 25.

113 FERNÁNDEZ-ARMESTO. *Então você pensa...*, *op. cit.* p. 25-26.

aceita – a que indica que cultura é "qualquer comportamento difundido que seja transmitido pelo aprendizado em vez de adquirido por herança",[114] parece desarrazoada a afirmação de que a cultura é um traço que denota a singularidade humana perante as demais espécies.

Ainda que exista uma sofisticação elevada no desempenho e nas práticas culturais por parte de humanos, o isolamento da espécie humana por esse único critério é injustificado, uma vez que, como aponta Fernández-Armesto,

> [a] maioria das características unicamente ou tipicamente humanas do que chamamos de cultura poderia ser de origem evolutiva, e ainda que manipular ferramentas e o fogo, reconhecer a arte ou a música e assim por diante sejam comportamentos que aprendemos, a nossa propensão geral para adotar esses comportamentos pode ser herdada ou – para aqueles que gostam da palavra – instintiva.[115]

Percebe-se, claramente, a inconsistência de se argumentar em prol da ideia de uma "singularidade humana". Ainda, perde-se o horizonte de que a espécie humana é destacada das demais e única pelas suas características inatas. Os comportamentos humanos tidos como superiores são, antes, habilidades que são moldadas e moldam o ambiente. Da mesma forma operam os comportamentos animais.

Ainda, a manutenção da ideia de que animais e humanos são essencialmente cindidos em dois domínios distintos também não mais prospera. Assim, a relação ética e jurídica a regular e

---

114 FERNÁNDEZ-ARMESTO. *Então você pensa...*, *op. cit.* p. 34.

115 FERNÁNDEZ-ARMESTO. *Então você pensa...*, *op. cit.* p. 33.

nortear as relações entre esses dois seres – os animais e os humanos – deve superar a ideia de que a espécie humana é singular.

2.5 Considerações finais

Na primeira parte, foi possível destacar que a visão tradicional do Ocidente à pergunta "o que é um animal?" têm sido a de que animais são seres mecanicistas e desprovidos de quaisquer habilidades racionais ou lógicas. Calcada no pensamento grego e cristão, e lapidada pelo pensamento cartesiano, a lógica do tratamento dos animais prescindia a análise de sua eticidade. Entretanto, evidências científicas, tais como a teoria da evolução, a primatologia, e leituras antropológicas sobre o problema da relação entre humanos e animais evidenciaram a necessidade de se romper com a lógica dualista-cartesiana no tratamento de animais.

Percebeu-se que a singularidade humana é uma falácia, do ponto de vista materialista, e que as espécies correspondem muito mais a um contínuo evolutivo do que a rupturas na linha da evolução. Um outro problema, então, foi adicionado à pergunta inicial. Além de ser necessário responder adequadamente à pergunta "o que é um animal?", faz-se imprescindível questionar: "qual o tratamento ético e jurídico adequado aos animais?"

Tendo isso em mente, diversas análises buscaram conceituar o lugar dos animais nas análises éticas, que dão supedâneo ao se pensar em ordenamentos jurídicos adequados aos animais. A busca por respostas ao problema do *status* moral de animais deu ensejo a inúmeras teorizações sobre como os animais devem ser tratados ética e juridicamente. A elas, a próxima seção do trabalho será dedicada.

2

Das teorias éticas e da resposta jurídica ao problema do tratamento dos animais

3 O que é uma teoria ética?

Teorias éticas são uma forma de se abordar, mediante clareza, profundidade, análise e acertos semânticos, um determinado problema. O viés em comum que une todas elas encontra-se na busca pela proposição de justificativas racionais e lógicas para comportamentos individuais ou coletivos. No que tange ao objeto central do presente trabalho, as teorias éticas buscam analisar o *status* moral dos animais não humanos.

O debate acerca da conceituação do *status* moral, bem como os critérios elencados como suficientes para que determinados seres o possuam variam muito e não são uniformes na história da filosofia. É possível afirmar que "o conceito de *status* moral não é tão claro ou bem caracterizado quanto possa parecer, e parece haver um número considerável de discordâncias sobre como entendê-lo".[116]

Antes de tudo, a ideia de *status* moral propõe uma hierar-

116 MORRIS, Christopher. "The idea of moral standing". In: BEAUCHAMP, Tom. FREY, Raymond G. *The Oxford handbook of animal ethics*. Oxford: Oxford University Press, 2013. p. 255.

quização. Essa hierarquização se dá no sentido de haver a consolidação de justificativas, de ordem ética, para que, em situações concretas, determinado ser seja tratado de uma maneira específica, ao passo que outros seres venham a fazer jus a diferente modalidade de tratamento.

Nesse sentido, é o *status* moral de um ser que enquadra a teoria ética a ser aplicada em seu tratamento, seja ele ético ou jurídico. Pode-se tomar como exemplo dessa abstração o fato de que seres humanos nascidos com vida, no atual sistema jurídico ocidental, possuem o *status* moral de pessoa. Com isso, esses seres se enquadram em uma lógica que perpassa o resguardo de direitos como integridade física e liberdade, devendo haver condutas no mundo que se enquadrem de forma a resguardar tais direitos – que são, consequentemente, consolidados como garantias em ordenamentos jurídicos. Assim, enquadra-se uma categoria – a de ser uma pessoa – a uma entidade – o ser humano –, e a elas se vinculam normas de regramento de tutelas e garantias.

É esse mesmo raciocínio que sustenta a ideia de que objetos inanimados, como computadores, carros, obras de arte ou cidades tombadas sejam relevantes em uma ordem ética ou jurídica na medida em que eles tenham algum valor conferido por seres que já possuem um determinado valor ante a um ordenamento.

Frequentemente, a ideia de que a posse de um *status* moral possui como corolário a ideia de que algo é relevante, do ponto de vista moral, de modo intrínseco ou por si só. Essa ideia é reverberada por Allen Buchanan, que afirma que "um ser possui *status* moral quando ele é, por si só, relevante moralmente".[117]

---

117 BUCHANAN, Allen. Moral status and human enhancement. *Philosophy and Public Affairs*, Nova Iorque, v. 37, n. 4, 2009. p. 346.

Uma das ideias mais patentes nas argumentações acerca do *status* moral de um ser corresponde à noção de *valor intrínseco*. Assim, um determinado ser ou nicho é relevante moralmente quando é possível detectar neles marcadores que indiquem a presença de um valor a ser tutelado por si só, válido no contexto ao qual a análise é tecida.

Em contraste à ideia de *valor intrínseco*, encontra-se a noção de *valor instrumental*. Para Christopher Morris,

> algo possui valor instrumental ou extrínseco quando é valorado como meios para algo além; algo tem valor intrínseco se é valorado em si. Muitas coisas possuem valores tanto intrínsecos quanto instrumentais (por exemplo, uma boa refeição, a companhia de um amigo). Pode ser que humanos ou pessoas possuam *status* moral em função do valor intrínseco. Mas não está claro que o valor intrínseco irá simplesmente explicar a noção de *status* moral.[118]

Aprofundando no assunto, Francis Kamm faz a observação – sutil, mas importante – de que mesmo seres ou objetos inanimados são passíveis de possuírem *status* moral relevante. Para a autora, esses seres também podem dialogar na equação da eticidade.

Kamm sustenta que uma peça de arte ou uma árvore podem possuir *status* moral e que, para tanto, prescindiriam da necessidade de possuírem valores em si. De acordo com ela,

> uma peça de arte ou uma árvore podem contar moralmente no sentido de que eles fornecem motivos para que restrinjamos nosso comportamento no que tange

118 MORRIS. *The idea of...*, *op. cit.* p. 258-259.

> a elas (por exemplo, não destruí-las) justamente porque isso preservaria a entidade [...]. Eu não ajo em prol dela mesma quando salvo uma peça de arte, pois eu não penso em seu bem ou no quão bom seria que essa obra tivesse sua existência continuada [...]. Ao invés disso, eu penso no bem *da* obra de arte, no seu valor como objeto de arte, quando eu a salvo por nenhum motivo além do fato de que ela continuará existindo. Em contraste, quando eu salvo um pássaro, eu faço isso em prol da própria entidade, já que ela tiraria proveito de continuar a existir.[119]

Nesse sentido, para Kamm, é possível tecer análises sobre o *status* moral mesmo de entidades inanimadas ou que não possuam comportamentos que levem o avaliador a considerá-la em si ou autodeterminante.

O fundamento do argumento de se avaliar algo em função do seu valor enquanto ser possuidor de *status* moral é simples. Uma entidade possui *status* moral quando e se deveres (éticos e jurídicos) são a ela devidos.

Assim, pode-se definir que um indivíduo ou um grupo de entidades possui *status* moral quando a forma de tratamento empregado a eles importa, ética ou juridicamente.

As grandes controvérsias ético-jurídicas concernentes ao tratamento dos animais se encontram na averiguação sobre se animais possuem *status* moral – e qual seria o exato caráter desse *status*. Até a tradição cartesiana, animais não possuíam, via de regra, quaisquer *status* morais.

Todavia, a superação do pensamento cartesiano por meio

---

119 KAMM, Francis. *Intricate ethics*: rights, responsibilities, and permissible harm. Nova Iorque: Oxford University Press, 2006. p. 228-229.

tanto da teoria da evolução quanto das novas visões antropológicas e de estudos comportamentais provocaram teóricos de ética a propor uma revisão no que tange à relação entre humanos e animais.

Não é mais possível sustentar que animais são meros autômatos, desprovidos da necessidade de serem enquadrados no diálogo ético e jurídico. Diante disso, três blocos teóricos se destacaram, na busca por precisar qual o exato caráter da eticidade que perpassa a vida de humanos e animais em conjunto: o utilitarismo, o viés kantiano e o abolicionismo. Tanto o utilitarismo quanto o viés kantiano são enquadrado no que autores[120] consideram ser uma vertente "bem-estarista" do tratamento dos animais. Isto é, são teorias que visam ao resguardo do bem-estar dos animais. Já o abolicionismo é uma vertente mais radical, que visa ao resguardo de direitos pessoais aos animais. É possível, assim, dividir essas três teorias em dois blocos: a dos bem-estaristas e a dos universalistas.

3.1 Das teorias do bem-estar animal: o utilitarismo

A primeira abordagem a ser analisada sobre a eticidade aplicada ao tratamento e à mediação da relação entre humanos e animais será a que se enquadra dentro do espectro[121] do utilitarismo.

É possível, contudo, traçar um panorama geral aplicável a to-

---

120 Cf.: FRANCIONE, Gary. GARNER, Robert. *The animal rights debate*: abolition or regulation? Nova Iorque: Columbia University Press, 2010.

121 Utiliza-se a palavra "espectro" com uma finalidade: a de indicar que o utilitarismo não é uma teoria ética uniforme, mas possui vicissitudes próprias àqueles que teorizam sobre ela.

das as correntes do utilitarismo, para que a compreensão da aplicação da teoria à questão dos animais seja melhor compreendida.

Nesse sentido, afirma-se que o utilitarismo corresponde a uma tradição "do pensamento filosófico e social, não a um princípio único". Ainda, denota-se que o utilitarismo consiste, via de regra, na ideia de que "a moralidade e a política estão (e devem estar) centralmente preocupadas com a promoção da felicidade".[122]

Como escola de pensamento distinta das demais, o utilitarismo firmou-se no final do século XVIII, principalmente a partir das contribuições de Jeremy Bentham (1748-1832).

Londrino, Bentham era oriundo de uma família de advogados, que esperavam do filho o mesmo percurso profissional. Contudo, Bentham deu vazão ao seu desejo de viajar e buscar um direito melhor aplicável à sociedade. Influenciado por suas viagens e percepções do mundo concreto, Bentham "situa-se na tradição empirista. Todo conhecimento deve, em última instância, ser rastreado às *impressões* feitas sobre nossos sentidos pelos objetos físicos".[123]

Em suas críticas ao direito, Bentham se viu na posição de conselheiro legislativo. Tendo viajado por países como a Rússia, percebeu que a monarquia centralizada era a forma de governo mais popular na Europa, tanto ocidental quanto oriental. De acordo com Tim Mulgan, foi a decepção com os regimes monárquicos absolutos que levaram Bentham a "lutar pela reforma democrática."[124] Como ferramenta de mudança jurídica, Bentham

---

122 MULGAN, Tim. *Utilitarismo*. Trad. Fábio Creder. Petrópolis: Editora Vozes, 2012. p. 7.

123 MULGAN. *Utilitarismo*. *Op. cit.* p. 16.

124 MULGAN. *Utilitarismo*. *Op. cit.* p. 17.

propõe aos legisladores um objetivo: o alcance do princípio utilitarista. Somente de acordo com ele é possível construir o vínculo entre as teorizações jurídico-acadêmicas e a prática social. A utilidade, para Bentham, corresponde à "propriedade em qualquer objeto, pela qual ele tende a produzir benefício, vantagem, prazer, ou felicidade (...) ou impedir a ocorrência do dano, dor, mal ou infelicidade."[125] Por situar o centro do princípio utilitarista na questão da dor e da felicidade, Bentham é considerado o primeiro utilitarista hedonista. Nesse sentido, Mulgan sustenta que "[o] valor de um prazer é inteiramente determinado por sete medidas: intensidade, duração, certeza ou incerteza, proximidade ou afastamento, fecundidade, pureza e extensão."[126]

Cabe ao legislador, dentro da sistemática jurídica, valorar em maior ou menor grau os prazeres envolvidos em alguma querela, primando pela aplicação do princípio da utilidade. E essa aplicação deve ser um princípio geral e inclusivo, ou seja, a maior felicidade deve ser aplicada ao maior número possível de envolvidos.

Ainda, outra tônica vinculada ao norte benthamiano de guiar toda a análise jurídico-filosófica pela empiria encontra-se na moralidade científica. Para Bentham, o utilitarismo fornece respostas científicas ao problema dos direitos, uma vez que engloba, em um recorte amplo, ciências que envolvem a classificação, tais como botânica e geologia, além de matemática e física.[127]

Assim, Bentham enfrenta uma das ideias mais presentes no direito do século XVIII: a de que direitos naturais são um guia

---

125 BENTHAM *in* SINGER, Peter (org.). *Ethics*. Oxford: Oxford University Press, 2004. p. 307.

126 MULGAN. *Utilitarismo*. *Op. cit.* p. 18.

127 MULGAN. *Utilitarismo*. *Op. cit.* p. 20.

para a confecção legislativa. Acerca do direito natural, ele afirma que "a ciência da legislação deveria ser construída sobre a base inamovível das sensações e da experiência."[128] Direitos naturais seriam uma ideia absurda e ficcional, dado que o próprio direito só pode ser analisado de acordo com as experiências sensoriais e localizadas. Assim, Bentham se opõe aos "direitos naturais imprescritíveis".[129]

Ainda que Bentham tenha fornecido grande aporte teórico para o utilitarismo, a consolidação tanto do termo "utilitarismo" quanto da corrente filosófica ocorre em John Stuart Mill (1806-1873).

Mill, inglês, filho de James Mill – amigo de Jeremy Bentham – é considerado um dos mais influentes filósofos de língua inglesa do século XIX, tendo elaborado diversas análises sobre a noção de liberdade individual frente ao controle estatal na vida dos cidadãos. Ainda, Mill desenvolve uma contundente defesa da empiria sobre as análises de política e cultura.[130]

Assim como em Bentham, o empirismo ocupa um lugar central nas análises de Mill, que nega enfaticamente a possibilidade da obtenção de conhecimentos apriorísticos. Nessa lógica,

> [a] única prova capaz de ser oferecida de que um objeto é visível é que as pessoas realmente o veem. A única prova

---

128 BENTHAM *in* HARRISON, Ross (ed.). *Bentham*. Londres: Routledge, 1983. p. 141.

129 MULGAN. *Utilitarismo*. *Op. cit.* p. 23.

130 WILSON, Fred. "John Stuart Mill". In: ZALTA, Edward (ed.). *The Stanford Encyclopedia of Philosophy*. 2016. Disponível em: <http://plato.stanford.edu/cgi-bin/encyclopedia/archinfo.cgi?entry=mill>. Acesso em: 23 mai. 2016.

> de que um som é audível é que as pessoas o ouvem: e o mesmo pode ser dito das outras fontes da nossa experiência [...]. Nenhuma razão pode ser dada pela qual a felicidade geral é desejável, exceto a de que cada pessoa [...] deseja a sua própria felicidade [...]. [A] felicidade de cada pessoa é um bem para essa pessoa, e a felicidade geral, portanto, um bem para o conjunto das pessoas.[131]

Em texto clássico sobre o utilitarismo, Mill oferta a definição, que perdura até hoje, do princípio da utilidade. Para ele,

> [a]s ações são certas na proporção em que tendem a promover a felicidade, e erradas na proporção em que tendem a produzir o reverso da felicidade. Por felicidade entende-se prazer, e a ausência de dor; e, por infelicidade, dor e privação de prazer.[132]

A centralidade do argumento utilitarista encontra-se na busca pela maximização das formas de felicidade e na minimização das formas de infelicidade. Nesse sentido, a definição do que se deve compreender por "felicidade", "bem-estar" e "utilidade" é fundamental.

O utilitarismo clássico, ao qual Bentham e Mill se enquadram, foi, via de regra, uma vertente hedonista da teoria ética. Isso porque calcava a fórmula da felicidade na maximização do prazer e na ausência de sofrimento. Já na contemporaneidade, o recorte utilitarista perpassa muito mais a noção de "bem-estar" e "bem-estar social" que a ideia de felicidade, simplesmente.

Entretanto, para além do utilitarismo clássico, existe tam-

---

131 MILL. *Utilitarianism*. *Op. cit.* p. 81.

132 MILL, John Stuart. *Utilitarianism*. Oxford: Oxford University Press, 1998. p. 55.

bém o utilitarismo preferencial, que surge como um corolário da visão hedonista. Inicialmente, afirma-se que bem-estar e atingimento daquilo que se quer são, via de regras, noções conexas.[133] Nesse sentido, dar a alguém algo que ela deseja resulta em um incremento na noção de felicidade, ou bem-estar. O utilitarismo preferencial é elaborado a partir desse raciocínio. Nesse recorte, as preferências são usadas "diretamente como o *critério* do próprio bem-estar".[134]

Ao elencar que a preferência de um ser é o critério para se averiguar o bem-estar, o utilitarismo preferencial aponta para uma rejeição geral de ideais pré-concebidos de vida boa ou de usufruto de prazer ou felicidade, proporcionando maior "conexão com a realidade, um risco reduzido de paternalismo e uma maior receptividade à mensuração."[135]

É por isso que Mulgan afirma que "[n]a teoria de preferência o valor da vida de uma pessoa é uma função da medida em que as suas preferências são satisfeitas."[136]

3.1.1 O utilitarismo aplicado aos animais não humanos

A ponte entre utilitarismo e animais (tanto clássico-hedonista quanto o preferencial) é patente: se uma teoria ética analisa e tem em seu epicentro questões concernentes ao bem-estar, pra-

133 Uma outra vertente do utilitarismo é a lista objetiva. O recorte do presente trabalho não irá abordar, ainda que sucintamente, essa vertente, por não estar presente na maior parte das análises utilitaristas da ética animal.

134 MULGAN. *Utilitarismo. Op. cit.* p. 102.

135 MULGAN. *Utilitarismo. Op. cit.* p. 102.

136 MULGAN. *Utilitarismo. Op. cit.* p. 115.

zer e sofrimento, e se animais são seres sencientes, por que não estender o alcance da ética utilitarista a esses seres?

Para um utilitarista hedonista, portanto, independe se o sofrimento ou o prazer entram em consideração em um escopo somente humano. Nesse sentido, comenta Mulgan que

> [a]s vidas humanas são importantes porque elas contêm prazer e dor. Muitos animais não humanos podem desfrutar do prazer e sofrer a dor. Se as vidas humanas são importantes, então assim devem sê-lo as vidas desses animais. Ao invés de maximizar a felicidade humana, os utilitaristas deveriam maximizar a felicidade *per se*. Os animais deveriam valer exatamente tanto quanto os seres humanos.[137]

Esse é o caso ilustrado pela célebre frase de Jeremy Bentham. Ele foi um dos pioneiros a ampliar o princípio da utilidade também para os animais. Segundo Bentham,

> [t]alvez chegue o dia em que o restante da criação animal venha a adquirir os direitos dos quais jamais poderiam ter sido privados, a não ser pela mão da tirania. Os franceses já descobriram que o escuro da pele não é motivo para que um ser humano seja abandonado, irreparavelmente, aos caprichos de um torturador. É possível que algum dia se reconheça que o número de pernas, a vilosidade da pele ou a terminação do *os sacrum* são motivos igualmente insuficientes para se abandonar um ser sensível ao mesmo destino. O que mais deveria traçar a linha insuperável? A faculdade da razão, ou, talvez, a capacidade de falar? Mas, para lá de toda comparação possível, um cavalo ou um cão adulto são muito mais racionais, além de bem mais sociáveis, do que um bebê de um dia, uma semana, ou até

137 MULGAN. *Utilitarismo*. *Op. cit.*, p. 130.

> mesmo um mês. Imaginemos, porém, que as coisas não fossem assim; que importância teria tal fato? A questão não é saber se eles são capazes de *raciocinar*, ou se conseguem *falar*, mas, sim, se *são passíveis de sofrimento*.[138]

Esse excerto foi fundamental para a formulação da mais notável e amplamente discutida teoria sobre ética utilitarista aplicada aos animais – a versão do australiano Peter Singer (1946-presente).

Singer é filósofo e professor, e sua obra conta com extensas publicações. Ao longo de sua carreira como filósofo e professor nas universidades de Melbourne, na Austrália, e de Oxford, na Inglaterra, adequou-se à vertente do utilitarismo preferencial, tendo, entretanto, a partir dos anos de 2000, escrito importantes trabalhos na área do utilitarismo hedonista.

A sua obra *Libertação animal* é considerada um ponto de virada para as análises em ética aplicada à relação entre seres humanos e animais. Atualmente na sexta edição, é um dos livros mais lidos e comentados acerca do tema.

A ideia de se abordar a ética aplicada aos animais faz parte de um projeto maior de Singer: o de analisar a aplicação do princípio da utilidade e da igual consideração de interesses em uma ética que se pretende ampla. Para tanto, Singer escreve e examina aspectos concernentes à ética prática.

De acordo com o australiano, a ética prática corresponde à

> aplicação da ética ou da moralidade ([usa-se] indiferentemente essas duas palavras) à abordagem de questões práticas, como o tratamento dispensado às minorias ét-

---

138 BENTHAM, Jeremy. *An introduction to the principles of morals and legislation*. Oxford: Clarendon Press, 1970. p. 283.

> nicas, a igualdade para as mulheres, o uso de animais em pesquisa e para a fabricação de alimentos, a preservação do meio ambiente, o aborto, a eutanásia e a obrigação que têm os ricos de ajudar os pobres.[139]

Singer entende a ética como sendo um panorama de pensamento arquitetado e lógico, que supere tabus e preconceitos místicos ou metafísicos, em prol de promover condutas gerais que reflitam todos os interesses dos envolvidos em um problema, de forma a maximizar interesses das entidades afetadas. Para tanto, deve-se admitir, de início, que "os meus próprios interesses não podem contar mais que os interesses alheios pelo simples fato de serem meus interesses."[140]

Para Singer, esse é o princípio geral de uma análise ética. Nesse sentido, o efeito prático de uma determinada conduta deve ser avaliado como bom ou ruim em função de todos os afetados, tendo como régua a maximização dos benefícios ou a redução dos danos. Percebe-se, assim, que Peter Singer se alinha com a vertente do utilitarismo preferencial, ao menos na argumentação contida em sua obra Ética prática.

O apelo utilitarista de Singer é justificado pela importância, conferida pelo autor, à ideia de igualdade. Ele analise que a mudança vivida pelas sociedades ao longo dos séculos XX e XXI permitiram com que atitudes morais transformassem-se radicalmente.

Aborto, eutanásia, suicídio assistido, pornografia e igualdade racial, de sexo e gênero estão, contemporaneamente, mais em pauta do que nunca. E isso ocorreu devido ao forte apelo que a

---

139 SINGER, Peter. Ética prática. 3. ed. Trad. Jefferson Camargo. São Paulo: Martins Fontes, 2002. p. 9.

140 SINGER. Ética prática. *Op. cit.* p. 21.

comunidade ocidental no período pós-Segunda Guerra Mundial conferiu às noções de liberdade e igualdade.[141]

Percebeu-se que critérios como orientação sexual, raça ou credo eram insuficientes para que se separassem seres humanos em hierarquias sob uma lógica binária de inferior-superior. Isso ocorre porque esses critérios não possuem lastro científico, sendo arbitrários e, assim, irrelevantes eticamente. A base da irrelevância se encontra, para Singer, no *princípio da igual consideração de interesses*.

Esse princípio indica que a avaliação do peso da importância de um determinado interesse não deve ser pautada por características irrelevantes eticamente. A análise deve ser focada, portanto, no princípio "segundo o qual todos os seres humanos são iguais."[142]

Enquanto a aplicação do princípio da igual consideração de interesses entre humanos é uma tônica do pensamento contemporâneo ocidental, a extensão desse princípio aos animais é nota dissidente. Singer sustenta, a despeito disso, que esse princípio deve valer para todas as espécies.

Ele sugere que,

> tendo aceito o princípio de igualdade como uma sólida base moral para as relações com outros seres de nossa própria espécies, também somos obrigados a aceitá-la como uma sólida base moral para as relações com aqueles que não pertencem à nossa espécie: os animais não-humanos.[143]

---

141 SINGER. Ética prática. *Op. cit.* p. 25-27.

142 SINGER. Ética prática. *Op. cit.* p. 33.

143 SINGER. Ética prática. *Op. cit.* p. 65.

Para empreender essa extensão do princípio aos animais, Singer inicia a sua análise destacando que a igualdade prescinde do formato dos seres ou das suas aptidões – ainda que elas possam figurar futuramente como elemento de sopesamento em um eventual conflito de interesses.

Ele implica, ainda, na noção de que o critério de espécie é irrelevante para as análises éticas, uma vez que, como afirma Bentham, o que deve ser levado em consideração não é o formato ou a capacidade para racionalizar, mas sim se seres são passíveis de sofrimento ou de fruição de felicidade. Assim, a senciência não é uma característica, somente. Ela é uma linha moral rígida, a partir da qual seres são nivelados e podem ser analisados em pé de igualdade.[144]

Não estender o princípio da igual consideração de interesses aos seres que, assim como os humanos, são sencientes, configura a faceta mais rudimentar do *especismo*.[145] A primeira vez que se tem registro do uso da palavra *especismo* foi na década de 1970. Motivado por um movimento pungente em prol da igualdade para os animais, cujo epicentro ocorreu na Universidade de Oxford, encabeçado por figuras como Peter Singer e John Harris, o psicólogo Richard D. Ryder divulgou um panfleto entre seus pares na universidade, relatando abusos que animais sofriam em experimentos.

Ryder, em seu relato denominado *Especismo*, afirma que "[d]esde Darwin, os cientistas alegam que inexiste uma diferença essencial mágica entre humanos e outros animais, biologicamente falando (...). A palavra 'espécie', assim como a palavra 'raça', não

---

144 SINGER. Ética prática. *Op. cit.* p. 67.

145 Do inglês *speciesism*.

é precisamente definível."[146]

Um dos leitores do relato foi Peter Singer, que adotou o termo em suas análises da teoria utilitarista e do princípio da igual consideração de interesses aplicados aos animais.

O especismo, portanto, corresponde a uma forma de preconceito. É a discriminação por meio da qual

> seres humanos tratam seres de outras espécies animais como se estes existissem exclusivamente para servir aos interesses daqueles. Nesse sentido, interesses e preferências de um ser humano sempre são colocados como inquestionavelmente superiores e, portanto, prioritários em relação aos interesses de todos os demais animais, *ainda que alguns interesses expressos dos animais sejam exatamente os mesmos manifestos em humanos, ou mesmo superiores aos daqueles*. (Grifo nosso)[147]

Ressalta-se que as tônicas que permeiam a noção de especismo são as de que (i) efetua-se um hiato entre humanos e animais; (ii) a justificativa desse hiato recai sobre o fato de que esses seres são de espécies diferentes; (iii) para Peter Singer, a fronteira de espécies não é um critério relevante na escolha de um comportamento ético ou na aplicação do princípio da igual consideração de interesses.

A afronta do especismo, para Singer, é ao princípio da igualdade. De acordo com o australiano, "aqueles que eu chamaria de

---

146 RYDER, Richard D. Speciesism again: the original leaflet. *Critical Society*, Londres, v. 2, p. 1, 2010.

147 FELIPE, Sonia T. *Por uma questão de princípios*: alcance e limites da ética de Peter Singer em defesa dos animais. Florianópolis: Fundação Boiteux, 2003. p. 83.

'especistas' atribuem maior peso aos interesses de membros de sua própria espécie quando há um choque entre os seus interesses e (...) [os] que pertencem a outras espécies."[148] Nesse sentido, resulta o argumento de que o princípio da igual consideração de interesses deve ser estendido também aos animais. Essa extensão, em Singer, não é feita de modo radical. Ainda que seja possível analisar animais e humanos em pé de igualdade, peculiaridades inerentes aos seres podem ser elementos distintivos.

Fatores como desenvolvimento cognitivo, tamanho, ou raciocínio imaginativo devem ser levados em consideração, quando dois interesses conflitantes entram em choque. Assim, ainda que o princípio da igual consideração de interesses seja aplicado, ele deve pender para a direção da maior redução possível de dano.

A título de exemplo, Singer compara um tapa dado na anca de um cavalo e o mesmo tapa desferido contra um bebê. Claramente, o bebê irá sofrer um maior dano com o tapa, ainda que ambos tenham interesse em não sofrê-lo, por serem sencientes.

Percebe-se, também, que, ainda que o interesse em não sentir dor, em um nível abstrato, seja o mesmo, o nível de dor percebido pelo mesmo tapa é completamente distinto. Assim, se achamos que é errado infligir "tanta dor a um bebê sem motivo nenhum, então, a menos que sejamos especistas, devemos achar igualmente errado infligir, sem motivo algum, a mesma quantidade de dor a um cavalo."[149]

Ainda, é preciso levar em consideração a diferença que existe entre seres humanos a animais no que tange à percepção dos eventos e mundo ao redor. Sabe-se que seres humanos adultos,

---

148 SINGER. Ética prática. *Op. cit*... p. 68.

149 SINGER. Ética prática. *Op. cit.* p. 69.

via de regra, possuem habilidades cognitivas que viabilizam uma ampliação do sofrimento em determinados casos. É o caso do sofrimento de antecipação, que pode vir a ocorrer quando adultos humanos são submetidos a formas de sofrimento aliadas ao sentimento de terror. Para Singer, se

> decidíssemos realizar experiências científicas extremamente dolorosas ou letais com adultos normais, levados à força dos parques públicos com essa finalidade, os adultos que entrassem nos parques ficariam com medo de ser agarrados. O terror resultante seria uma forma adicional de sofrimento, vindo somar-se à dor provocada pela experiência. Quando feitas com animais, as mesmas experiências provocariam menos sofrimento [...].[150]

Há outros casos em que o hiato cognitivo entre humanos e animais fazem a diferença no cálculo de utilidade concernente à aplicação do princípio da igual consideração de interesses. A maior parte desses casos tem a ver com a ideia de "angústia mental". Isso porque sabe-se, por meio de estudos,[151] que seres humanos são, via de regra, aptos a pensamentos de previsão, maior detalhamento de memória e maior conhecimento amplo do que acontece ao seu redor. Segundo Singer, "[e]ssas diferenças explicam por que um ser humano que está morrendo de câncer provavelmente sofre mais do que um rato."[152]

Pode-se concluir, nessa parte do argumento utilitarista no que tange aos animais, que o princípio da igual consideração de interesses é um imperativo geral ético que ordena o tratamento igualitário

---

150 SINGER. Ética prática. *Op. cit.* p. 69.

151 Cf.: SINGER. Ética prática. *Op. cit.* p. 70.

152 SINGER. Ética prática. *Op. cit.* p. 70.

entre interesses iguais. Se um ser humano sente dor, e um animal também, somente o especismo é capaz de justificar a não aplicação da noção de igualdade de tratamento. E, como se observa, o especismo não se configura como uma chave analítica válida. Na prática, Singer enumera diversas facetas assumidas pelo especismo. A primeira delas está na utilização de animais como alimento.

O uso de animais como alimentos é, talvez, a forma mais antiga de relação entre humanos e animais. Nessa análise, o recorte proposto é o que retrata uma situação concernente à alimentação humana em sociedades industrializadas contemporâneas.

Para Singer, é possível conseguir uma alimentação adequada, em sociedades industrializadas, sem que seja necessário utilizar-se de nutrientes oriundos da carne de animais, sendo esta inclusive dispensada para que um ser humano atinja boa saúde e longevidade.[153] Ainda, quando o benefício humano do consumo exacerbado de carne animal é contrastado com o prejuízo de inúmeros animais, "submetidos a vidas miseráveis para que a sua carne se torne acessível aos seres humanos ao mais baixo custo possível", percebe-se que "[o] princípio da igual consideração de interesses não permite que os interesses maiores sejam sacrificados em função dos interesses menores."[154]

O interesse de animais utilizados para a indústria alimentícia é afetado na medida em que aplicam-se os usos para abate e manutenção de animais em cativeiro de acordo com a lógica especista. Nesse sentido, a sociedade oferta aos animais sencientes tratamentos extremamente dolorosos e impróprios para o bom funcionamento daquele ser.

---

153 SINGER. Ética prática. *Op. cit.* p. 72.

154 SINGER. Ética prática. *Op. cit.* p. 73.

Para Singer, a aplicação do princípio da igualdade e a superação do especismo demandam que abandone-se o apoio ao consumo de carne oriunda de fazendas de alto impacto industrial. Assim, o consumo de carne animal deve ser evitado, "a menos que saibamos que a carne que estamos comendo não foi produzida pelos métodos industriais."[155]

Ainda, é possível evidenciar o especismo no campo concernente à condução de experiências com modelos animais. A questão da experiência conduzida em animais é paradigmática para o estudo da aplicação do princípio da igual consideração de interesses e do especismo subjacente à ausência de critérios igualitários. Isso porque justifica-se a condução de experimentos em animais com a alegação de que seres humanos e animais possuem reações semelhantes ou mesmo comparáveis, quando submetidos a uma determinada situação. Isso significa que

> se o fato de forçar um rato a escolher entre morrer de fome e atravessar uma grade eletrificada para conseguir comida nos diz alguma coisa sobre as reações dos seres humanos ao estresse, devemos admitir que o rato sente estresse quando colocado nesse tipo de situação.[156]

É interessante notar, de acordo com Singer, que grande parte dos testes efetuados em animais não servem aos propósitos de grandes descobertas científicas na área da saúde, mas a testes para fins cosméticos.

Ainda, testes para fins militares são conduzidos em muitos países.

---

155 SINGER. Ética prática. *Op. cit.* p. 74.

156 SINGER. Ética prática. *Op. cit.* p. 75.

> No Instituto de Radiobiologia das Forças Armadas dos Estados Unidos, em Bethesda, Maryland, os macacos do gênero *Rhesus* têm sido treinados para correr dentro de uma grande roda. Se reduzirem muito a velocidade, a roda faz o mesmo, e os macacos levam um choque elétrico. Quando os macacos já foram treinados para correr por longos períodos, recebem uma dose letal de radiação. E então, sentindo-se mal e vomitando, são forçados a continuar correndo até cair. A suposta finalidade disso é obter informações sobre a capacidade dos soldados de continuarem a lutar depois de um ataque nuclear.[157]

Os benefícios de tais experimentos em larga escala são questionáveis. Nesse sopesamento, evidencia-se que há um descompasso entre a perda observada em membros de outras espécies e os ganhos para humanos. Esses experimentos indicam, de acordo com Singer, que a atribuição de igual peso aos igual interesses é especista e falha.[158]

A resposta ao problema do uso de animais em pesquisas e experimentos varia em função da utilidade dos resultados para um grande número de seres e da forma pela qual animais são tratados. Assim, uma resposta utilitarista para o problema da experimentação com animais é a de que animais podem ser submetidos a testes, desde que haja um número considerável de seres beneficiados pelos resultados. Percebe-se que essa argumentação é bastante diferente da postulação de direitos absolutos aos animais – uma vez que, de acordo com esse viés, animais não poderiam ser utilizados sob nenhum recorte em experimentos, por eles possuírem dignidade intrínseca.

---

157 SINGER. Ética prática. *Op. cit.* p. 76.

158 SINGER. Ética prática. *Op. cit.* p. 77.

A superação do especismo na aplicação do princípio da igual consideração de interesses indica que é possível pensar em utilizar seres humanos para pesquisas científicas, sob determinadas condições. É o caso proposto por Singer da comparação entre um macaco e um bebê humano órfão com lesões cerebrais irreversíveis:

> os que fazem as experiências estariam preparados para fazê-las com seres humanos órfãos com lesões cerebrais graves e irreversíveis, se esta fosse a única maneira de salvar milhares de outras pessoas? [...]. Se os cientistas não estiverem preparados para usar órfãos humanos com lesões cerebrais graves e irreversíveis, sua aceitação do uso de animais para os mesmos fins parece ser discriminatória unicamente com base na espécie, uma vez que macacos, cães, gatos, e até mesmo camundongos e ratos são mais inteligentes, mais conscientes do que se passa com eles, mais sensíveis à dor etc., do que muitos humanos com graves lesões cerebrais.[159]

A aplicação da ideia de igualdade entre humanos e animais é bastante mais complexa, entretanto, em casos que não envolvem somente a senciência, mas a vida e a morte de seres – humanos ou animais.

Para Singer, dor e valor da vida devem possuir *status* moral diferenciados, posto que dores de mesma intensidade e duração são igualmente dolorosas, ao passo que é temerário dizer, "tão confiantemente assim, que uma vida é uma vida, e igualmente valiosa, seja ela humana ou animal."[160] Isso se dá devido ao fato de haver diferenças importantes entre humanos pessoais a animais.

---

159 SINGER. Ética prática. *Op. cit.* p. 77-78.

160 SINGER. Ética prática. *Op. cit.* p. 71.

Para Singer, e para a grande parte dos teóricos utilitaristas,[161] as tentativas de delimitação de uma linha divisória entre humanos e animais, muito embora tenha sido uma incessante busca feita pela filosofia ocidental, mostraram-se como uma empreitada de pouco peso moral.[162] A diferença, entretanto, mais profunda, alegada hodiernamente como a linha divisória entre humanos e animais, encontra-se na racionalidade e na autonomia – traços inquestionáveis do conceito contemporâneo de pessoa.[163]

Para Singer, a rejeição do especismo não implica em dizer que todas as vidas possuem igual valor. Esse argumento seria fortemente imanentista e apriorístico, tendo pouco aporte material – características de pronto rechaçadas por qualquer utilitarista. Nesse sentido, a autoconsciência, "a capacidade para pensar no futuro e ter esperanças e aspirações para o futuro",[164] é relevante.

Racionalidade é um traço intimamente ligado à ideia de autoconsciência, isto é, a capacidade de agir no mundo não só sobre os limites imediatos, mas com a visão de que mundo e ser são entidades distintas, com passados, presentes e futuros. Já a auto-

161 Dentre eles, James Rachels e Raymond Frey.

162 SINGER. Ética prática. *Op. cit.* p. 83.

163 A definição da pessoalidade com base na autonomia e na racionalidade encontra-se em autores como John Harris e Sarah Chan e Brunello Stancioli. Cf.: CHAN, Sarah. HARRIS, John. "Human animals and nonhuman persons". In: BEAUCHAMP, Tom. FREY, Raymond G. *The Oxford Handbook of animal ethics*. Oxford: Oxford University Press, 2013. p. 304-331. STANCIOLI, Brunello. *Renúncia ao exercício de direitos da personalidade, ou, como alguém se torna o que quiser*. Belo Horizonte: Del Rey, 2010.

164 SINGER, Peter. *Animal liberation*: the definitive classif of the animal movement. 4. ed. rev. amp. Nova Iorque: Harper Perennial Publishing, 2009. p. 20.

nomia pode ser caracterizada como a capacidade de escolher por si só os rumos de uma vida.[165]

Características como racionalidade e autonomia, por mais relevantes que sejam, somente devem entrar no cálculo ético concernente ao *status* moral de um ser quando elas afetam a natureza do problema. Nesse sentido, exclui-se a importância dessas características em debates como o do uso de animais para pesquisas cujos fins são cosméticos ou mesmo casos de alimentação com subsídios animais, nos casos em que estes são submetidos à lógica industrial de tratamento, uma vez que, nesses casos, a "existência da autoconsciência não afeta a natureza dos interesses em cotejo, [e] não fica claro por que deveríamos forçar a inclusão da autoconsciência na discussão".[166]

O capítulo 4 do livro Ética prática é dedicado a um estudo pormenorizado da incongruência entre equivaler-se dos conceitos de *ser humano* e de *ser pessoa* para a referência a uma entidade indistinta.

O conceito de pessoa em Singer corresponde à ideia de que uma pessoa é um ser autoconsciente e racional. Assim, ele adota a linha cuja tradição remete a John Locke, de que pessoa é um "ser pensante e inteligente, dotado de razão e reflexão, que pode ver-se como tal, a mesma coisa pensante, em tempos e lugares diferentes".[167]

Devido à posse da autoconsciência, capacidade intimamente vinculada a uma definição de perspectivas temporais, uma

---

165 Essas definições são as propostas por Peter Singer. Cf.: SINGER. Ética prática. *Op. cit.* p. 83.

166 SINGER. Ética prática. *Op. cit.* p. 84.

167 LOCKE *in* SINGER. Ética prática. *Op. cit.* p. 97.

ação que invade um interesse de uma pessoa tende a possuir maior relevância ética do que uma ação que invade um interesse de uma entidade não pessoal. Justifica-se tal raciocínio pelo fato de que "pessoas são seres que se orientam muito pelo futuro, suas ações são uma espécie de investimento para garantir a vida em um momento futuro."[168]

Ainda, é necessário ressaltar o fato que há inúmeros seres humanos não pessoais, no sentido de que, não obstante sejam humanos, não possuem as caraterísticas essenciais que os configurariam como pessoas no sentido filosófico. São eles os seres humanos com deficiências mentais graves, podendo estes serem considerados com um peso menor no cálculo de preferências, sob o princípio da igual consideração de interesses, que muitos animais não humanos. Nesse caso, caso seja dado aos humanos um peso moral maior do que o dos animais, essa diferença somente poderia ser justificada sob a égide do especismo.[169] Nesse sentido, a morte de uma pessoa tem mais peso ético do que a morte de uma não pessoa, ainda que o princípio da igual consideração de interesses seja aplicado em conjunto a uma ótica não especista.

Isso torna possível a afirmação de que, em Singer, inexiste um valor da vida apriorístico, ou, ainda, somente adstrito à categoria dos humanos. Mas que, em seres cuja autoconsciência seja denotada, e nos quais ela se desenvolve na linguagem da autonomia e da racionalidade, é possível afirmar que estes possuem um alto *status* moral. A justificativa para uma maior qualidade moral desses seres encontra-se no próprio fundamento da pessoa no tempo.

---

168 FELIPE. *Por uma questão...*, *op. cit.* p. 136.

169 SINGER. Ética prática. *Op. cit.* p. 85.

Singer toma emprestada a ideia do filósofo norte-americano Michael Tooley, ao afirmar que o direito à vida está conectado à ideia de que seres pessoais são aqueles que conseguem enxergar-se como criaturas distintas que existem no tempo. Tooley indica que

> [a] intuição básica é que um direito é algo que pode ser violado e que, em geral, violar o direito de um indivíduo a alguma coisa é o mesmo que frustrar o desejo correspondente. Suponha, por exemplo, que você tem um carro e que estou sob uma obrigação *prima facie* de não o roubar de você. A obrigação, porém, não é incondicional: depende, em parte, da existência de um seu desejo correspondente. Se você não se importa com o fato de eu roubar-lhe o carro, em termos gerais não estarei violando o seu direito ao fazê-lo.[170]

Assim, percebe-se um outro interesse, de suma importância para o argumento utilitarista no que tange às questões de vida e morte: o interesse em, para além da senciência, prezar pela continuidade da existência em vida.

Um ser desprovido de autoconsciência, e, portanto, incapaz de projetar-se no tempo e no espaço como uma entidade em perspectiva cujo passado, presente e futuro importam – possuem, portanto, *status* moral, não tem interesses feridos caso deixem – natural ou de forma indolor – de existir. Assim, Singer[171] argumenta que "[p]ara ter direito à vida é preciso ter, ou, pelo menos, ter tido numa determinada época, o conceito de uma existência contínua."[172]

---

170 TOOLEY, Michael. "Abortion and infanticide". In: FEINBERG, Joel (org.). *Problem of abortion*. 2. ed. Nova Iorque: Wadswoth Publishing, 1984. p. 60.

171 SINGER. Ética prática. *Op. cit.* p. 108.

172 Com essa chave analítica, Singer resolve o problema das pessoas em coma, em sono profundo ou em perdas momentâneas de consciência. Para ele, é

Entretanto, isso não simplifica a questão. Deve-se levar em consideração o impacto que a morte de um animal, ainda que não seja um ser com senso de continuidade definido, tem na comunidade em que ele está inserido. Nesse sentido, há impactos relevantes na morte

> de um animal sobre seu companheiro ou companheira, bem como sobre outros membros do grupo social do animal [...]. Todos esses fatores levariam o utilitarista a uma forte oposição ao assassinato de animais, sejam eles ou não pessoas. Esses fatores, porém, não constituiriam razões para a oposição ao assassinato, em si, de não-pessoas, independentemente da dor e do sofrimento que este possa causar.[173]

Ainda, para a ótica utilitarista de Singer, alguns animais seriam seres substituíveis. Isso porque, do ponto de vista de um utilitarismo total, a perda de um animal cujas características não apontem para uma valorização do seu futuro como algo intrinsecamente valoroso, não significa numa perda total, posto que esse animal pode ser substituído por outro de igual peso ético na escala. Assim, "a perda que os que comem carne infligem a um animal é compensada pelo benefício que conferem a outro", no sentido de que se um animal é morto de forma indolor para que seja consumido, e outro nasce no mesmo local e mantendo o equilíbrio de um determinado nicho, inexistiria problema ético.[174]

---

suficiente que essas pessoas tenham tido, em algum momento de suas existências, a perspectiva da autoconsciência no tempo. O desejo de continuar vivendo, e, portanto, o consequente interesse na continuação da existência, não acaba sempre que não se pensa diretamente nele.

173 SINGER. Ética prática. *Op. cit.* p. 129.

174 SINGER. Ética prática. *Op. cit.* p. 130-131.

Conclui-se que, muito embora o princípio da igual consideração de interesses seja uma máxima pós-especista, há de se distinguir o *status* moral de pessoas e de seres sencientes. Isso porque, para um utilitarista, existem quatro eixos a serem calculados nas preferências da escolha de um ato eticamente sustentável.

Para os fins do presente trabalho, três eixos demonstram-se importantes para a análise do *status* moral de seres sencientes e pessoas. São eles: (i) a preocupação do utilitarismo preferencial com a frustração dos desejos no tempo (vinculados à autoconsciência e projeção em passado, presente e futuro); (ii) a vinculação entre projeção no tempo e direito à vida e; (iii) respeito à autonomia. Essas três qualidades, presentes em seres pessoais, mas não necessariamente presente em todos os seres sencientes – desde galinhas, roedores até seres humanos com severas deficiências mentais –, são a linha divisória que garante o direito à vida para uns, mas não para outros.

Como corolário dessa conclusão, cabe a indagação: teriam alguns animais direito à vida? Isto é: para um utilitarista, é possível afirmar que alguns animais são pessoas?

Para Singer, a resposta é afirmativa. E, inicialmente, deve-se distinguir a qualidade de ser humano e a de ser pessoa. Dentre os marcadores de pessoalidade, Singer elenca a racionalidade e a autoconsciência como os primordiais. Cabe, portanto, investigar se alguns animais também as possuem.

Acredita-se que muitos animais possuem consciência de si. Em especial, macacos e primatas demonstram-se extremamente hábeis em dominar e executar tarefas através de linguagem – inclusive a humana. Ainda que neles não se encontre a sofisticação do aparelho vocal como a de um *Homo sapiens*, experimentos realizados com primatas denotam que estes possuem a capacidade de ser conscientes de si e de comunicar-se através de linguagem.

A chimpanzé Washoe

> aprendeu a compreender cerca de 350 sinais diferentes e usar, corretamente, cerca de 150 deles. Juntava os sinais para formar frases simples. Quanto à questão da autoconsciência, Washoe não vacilou quando lhe mostraram a sua própria imagem no espelho e perguntaram 'Quem é?', respondendo prontamente: 'Sou eu, Washoe' [...]. Os gorilas parecem aprender a linguagem de sinais tão bem quanto os chimpanzés. [A gorila] Koko tem um vocabulário corrente de 500 sinais, e, em uma ou outra ocasião, já usou corretamente cerca de 1000 sinais [...]. Um orangotango, Chantek, começou a aprender a linguagem de sinais [...]. Quando lhe mostraram a foto de um gorila apontando para o próprio nariz, Chantek conseguiu imitá-lo, apontando para o seu. Isto significa que ele tem uma imagem do seu próprio corpo e que pode transferir essa imagem do plano bidimensional da imagem visual para realizar a necessária ação corporal.[175]

Não é somente em experiências realizadas em laboratório que o hiato entre humanos e animais, justificado pela posse de autoconsciência e racionalidade, é evidenciado. Frans de Waal, primatólogo, evidenciou em pesquisas realizadas no Zoológico de Amsterdam, que chimpanzés são hábeis em desempenhar e elaborar atividades de planejamento e de cooperação.[176]

---

175 SINGER. Ética prática. *Op. cit.* p. 120-121.

176 SINGER. Ética prática. *Op. cit.* p. 124.

Singer conclui, assim como boa parte dos utilitaristas, que alguns animais são, de fato, pessoas, e que, por consequência do raciocínio pós-especista, alguns membros da nossa espécie não são pessoas. Nesse sentido, sugere-se que

> se a vida humana tem mesmo um valor especial ou um direito especial a ser protegida, ela os tem na medida em que a maior parte dos seres humanos são pessoas. Mas, se alguns animais também são pessoas, as suas vidas devem ter o mesmo valor especial, ou o mesmo direito à proteção [...]. Alguns membros de outras espécies são pessoas; alguns membros da nossa espécie não são [...]. Assim, parece que o fato de, digamos, matarmos um chimpanzé é pior do que o e matarmos um ser humano que, devido a uma deficiência mental congênita, não é e jamais será uma pessoa.[177]

Em síntese, pode-se concluir que a abordagem utilitarista do problema ético que permeia a relação entre humanos e animais inicia-se a partir da evidência de que animais e humanos compartilham uma base em comum, a senciência. A senciência importa moralmente para o utilitarismo, pois a ética dessa corrente filosófica é baseada na maximização do bem-estar ou do prazer e na minimização do sofrimento ou da dor. E a capacidade para prazer e dor está intimamente imbricada nesse cálculo.

Assim, a partir do compartilhamento da senciência, percebe-se que animais e humanos possuem interesses em comum. Ao menos, o de não serem submetidos a situações que aumentem a dor e diminuam o prazer no gozo da vida. E, de acordo com a máxima utilitarista, o princípio da igual consideração de interesses, interesses iguais devem possuir o mesmo peso ético. A negação

177 SINGER. Ética prática. *Op. cit.* p. 126-127.

da comunhão de interesses leva ao especismo e à ideia de que os animais vêm em segundo plano.[178] Nesse sentido, é errado tratar animais de modo a maximizar experiências de vida negativas, tratamento esse cujo impacto concreto na vida dos demais seres não possui patentes resultados positivos. Condena-se, portanto, o uso de animais para alimentos sob uma lógica industrial e massiva e, ainda, o uso de animais em diversos contextos, como o de experimentos militares, para fins cosméticos, ou, ainda, caça predatória e vestuário.

É a violação do princípio da igual consideração de interesses, entretanto, que tem sido a regra das relações entre humanos e animais. Gerações de filósofos do Ocidente têm sustentado a não existência da comunhão ética do princípio da igual consideração de interesses com base na senciência. Entretanto, ainda que os interesses de seres sencientes sejam igualáveis, há determinadas características que conferem aos seres um peso maior ou menor. É o caso da comparação do valor da vida entre seres sencientes e seres pessoais. Pessoas possuem uma maior capacidade para sofrer em determinadas situações, devido ao fato de serem autoconscientes e racionais, possuindo, portanto, senso de passado, presente e futuro. Assim, é possível afirmar que pessoas possuem maior *status* moral que animais não pessoais.

Por fim, o conceito de pessoa não está adstrito à espécie humana. São conceitos frequentemente tratados de forma sobreposta, mas não necessariamente são coincidentes.[179] Em uma ótica pós-especista, desvinculam-se as categorias *ser humano* e *ser pessoa*. Ainda, sustenta-se que alguns animais são pessoas, no sen-

---

178 SINGER. *Animal liberation*. *Op. cit.* p. 219.

179 SINGER. Ética prática. *Op. cit.* p. 96.

tido ético, e alguns humanos não são. E esses animais possuem todas as benesses que o direito à vida garante.

3.2 Das teorias do bem-estar animal: o viés kantiano

O prussiano Immanuel Kant (1724-1804) é uma das figuras centrais da filosofia moderna. Ao longo da segunda metade do século XVIII e parte inicial do século XIX, Kant foi responsável por uma completa reformulação tanto no racionalismo quanto empirismo modernos. A influência da filosofia kantiana é patente e perdura até os tempos atuais, especialmente no Direito, na metafísica e na filosofia política.[180]

Em linhas gerais, é possível sustentar que a filosofia kantiana busca analisar e propor a ideia de que a experiência humana é pautada por leis de cunho geral, e que o acesso a essas leis ocorre por meio do entendimento humano delas. O *lócus* do entendimento encontra-se na razão humana.[181] Nesse sentido, "o conhecimento científico, moralidade e crenças religiosas são mutualmente consistentes e seguras pois elas residem na mesma fundação da autonomia humana".[182]

Muito embora uma análise aprofundada da teoria kantiana de forma geral não seja objeto do presente trabalho, a abordagem do tópico central das ideias de Kant é fundamental para que analise-se apropriadamente a proposta kantiana para a discussão da

---

180 ROHLF, Michael. "Immanuel Kant". In: ZALTA, Edward. *The Stanford Encyclopedia of Philosophy*. Disponível em: <http://plato.stanford.edu/archives/spr2016/entries/kant/>. Acesso em: 23 mai. 2016.

181 ROHLF. *Immanuel Kant. Op. cit.*

182 ROHLF. *Immanuel Kant. Op. cit.*

eticidade da relação entre humanos e animais: a concepção de que os seres humanos são *fins em si.*[183]

A ideia de que seres humanos são fins em si encaixa-se na noção de valor intrínseco. Um valor pode ser considerado como intrínseco quando o que se extrai valorativamente dele independe de circunstâncias externas.[184]

Uma forma de tratamento que viole a ideia de valor intrínseco da humanidade viola a noção de dignidade, que está contida na máxima kantiana de que se deve "agir como se a humanidade, esteja ela representada pela sua própria pessoa ou por qualquer outra, sempre como um fim, nunca somente como meio."[185] A partir dessa máxima, a teoria kantiana aplicada à relação entre humanos e animais é elaborada. O maior expoente dessa vertente é Christine Marion Korsgaard (1952-presente).

Korsgaard é uma filósofa norte-americana. Professora da Universidade de Harvard desde 1991, foi a primeira mulher a, em 2002, lecionar nas *John Locke Lectures* da Universidade de

---

183 "Agora, eu digo que o ser humano e, em geral, todo ser racional, *existe* como um fim em si, *não somente como meio* para ser usado por uma ou outra vontade (...)". Cf.: KANT, Immanuel. *Groundwork of the metaphysics of morals*. 11. ed. Trad. Org. Mary Gregor. Cambridge: Cambridge University Press, 2006, 4:427. p. 37.

184 Pode-se perceber que o grande contraste à ética kantiana vinculada ao valor intrínseco da humanidade se encontra no utilitarismo, teoria que busca promover o maior número de bem-estar para a maior quantidade de agentes. Nesse sentido, o utilitarismo rebate o valor intrínseco apriorístico kantiano. Cf.: KORSGAARD, Christine. Fellow Creatures: Kantian ethics and our duties to animals. *Tanner Lecture on Human Values*. Michigan, 6 fev. 2004.

185 KANT. *Groundwork of the...*, *op. cit.* 4:429/p. 38

Oxford.[186] Em *Fellow Creatures*, trabalho apresentado às *Tanner Lectures* da Universidade de Michigan, Korsgaard elabora a sua teoria sobre ética aplicada aos animais, cuja raiz é kantiana.

A ideia korsgaardiana sobre animais é que, muito embora a ideia kantiana de situar seres humanos como fins-em-si seja evidentemente verdadeira, não se pode extrair dessa tese a conclusão de que somente os seres humanos importam eticamente. Nesse sentido,

> [seres humanos] são os seres que criam a ordem dos valores morais, seres que escolhem ratificar e endossar a preocupação natural que todos os animais possuem para si mesmos. Mas, o que se ratifica a endossa é uma condição compartilhada por outros animais. Então, o ser humano não é o único ser que importa.[187]

Para chegar a esse entendimento, Korsgaard empreende uma releitura do pensamento kantiano.

O ponto central da teoria do filósofo prussiano é a ideia de que os seres racionais compõem o Reino dos Fins. Para Kant, este corresponde à "união sistemática de vários seres racionais por meio de leis comuns (...)". Esse diz respeito a uma noção imaginária semelhante a uma democracia constitucional, na qual haveria um lugar de voz para cada membro. Ainda, é um espaço de

---

186 Informações obtidas por meio da página pessoal de Christine Korsgaard. Disponível em: <http://www.people.fas.harvard.edu/~korsgaar/>. Acesso em: 23 mai. 2016.

187 KORSGAARD, Christine. Fellow creatures: Kantian ethics and our duties to animals. *Tanner Lectures on Human Values 24*. p. 36. Disponível em: <https://dash.harvard.edu/handle/1/3198692>. Acesso em: 22 jun. 2016.

predomínio da autonomia.[188] A comunidade do Reino dos Fins, contudo, é enclausurada dentro da ideia de comunhão por criaturas racionais, uma vez que o valor da humanidade é derivado da capacidade que seres racionais possuem para seres autorregulantes e autônomos.

A racionalidade, em Kant, não deve ser interpretada, para Korsgaard, como um conceito restritivo. Antes, percebe-se que a maior parte dos seres humanos pode ser considerada racional, nos termos kantianos. Isso porque crianças, idosos e seres humanos com alguma deficiência no pensar são, não obstante, racionais, no sentido kantiano.

> Na concepção de Kant sobre racionalidade, a maior parte [desses] seres mencionados é racional. Alguns deles, por várias razões, são incapazes de racionalizar *bem*; alguns deles estão em estágios da vida em que a razão é mal-desenvolvida, inerte ou não funcional. Essas condições, crê-se, não afetam o *status* moral de serem racionais sob a concepção kantiana.[189]

Contudo, animais não humanos não se enquadram, sob nenhuma ótica, no conceito que Kant propõe para seres racionais, e, portanto, são automaticamente excluídos do Reino dos Fins. A defesa kantiana da eticidade da relação entre humanos e animais deve, nesse sentido, percorrer um outro caminho. Esse caminho perpassa, de pronto, a definição do que é um animal, para a perspectiva do filósofo prussiano.

Animais são seres vivos especiais, cuja matéria é organizada em função de nutrição, capacidade de reprodução e automanu-

---

188 KORSGAARD. *Fellow creatures...*, *op. cit.* p. 4

189 KORSGAARD. *Fellow creatures...*, *op. cit.* p. 5.

tenção.[190] Ainda, animais são seres vivos capazes de se guiar por uma concepção de ambiente – crenças – e por ações no ambiente. Nota-se que o conceito de *ação* em Kant é peculiar, devendo, portanto, ser objeto de estudo.

Para Kant, uma ação é uma guia que interage com dois fatores: incentivo e princípio. O incentivo é a mola-propulsora da ação; o elemento que propulsiona um agente a agir. Para Korsgaard, corresponde a uma "representação motivacionalmente carregada sobre um objeto, produzida pela percepção ou pelo pensamento".[191] O incentivo modula a ação em função de algo ser desejável ou repulsivo – portanto, incentivos modulam ações em função de princípios norteadores. Para a ideia kantiana de modulação, entende-se que "os princípios dos animais são os seus instintos."[192] Um instinto é algo que medeia um incentivo e a sua resposta normativa primitiva, e ele, por si só, não torna um animal – humano ou não –, um agente inteligente. Por exemplo, quando se saliva por uma comida apetitosa percebida pelos sentidos, essa reação não corresponde a uma modulação comportamental intencional entre criatura e ambiente. Antes, é uma resposta instintiva, não aprendida.[193]

190 A concepção que Korsgaard adota tem início na filosofia aristotélica. Para Aristóteles, animais são seres especiais, cuja matéria é organizada de tal forma que permite a manutenção e a reprodução desse arranjo. Nesse sentido, as características essenciais de um animal se encontram na nutrição e na capacidade para reprodução. Em suma, animais podem ser classificados como matéria organizada funcionalmente. Cf.: KORSGAARD. *Fellow creatures*..., *op. cit.* p. 5-6.

191 KORSGAARD. *Fellow creatures*..., *op. cit.*, p. 6.

192 KORSGAARD. *Fellow creatures*..., *op. cit.*, p. 7.

193 KORSGAARD. *Fellow creatures*..., *op. cit.*, p. 8.

Para a filósofa norte-americana, o que diferencia um ser instintivo de um ser inteligente é a capacidade para aprender a partir das experiências. Ainda, a diferença reside na "[h]abilidade [que um ser possui] para estender o seu repertório de representações significantes na prática para além daquelas com as quais a natureza originalmente o equipou".[194] Muitos animais possuem essa capacidade. É impossível, dado o atual estado da arte da ciência contemporânea, afirmar que todos os animais possuem tal capacidade. Mas é possível sugerir que ao menos os animais com os quais se lida atualmente em contextos urbanos ou rurais são inteligentes.

Entretanto, o sentido kantiano de inteligência é totalmente diferente do sentido de racionalidade. Autores kantianos frequentemente confundem o termo, e isso gera análises equivocadas, principalmente no que tangencia à argumentação kantiana do *status* moral de animais. É o caso de Mary Midgley. A autora toma inteligência e racionalidade como sinônimos, e deriva sua teoria a partir desse pressuposto, concluindo que animais inteligentes possuem *status* moral adequado a serem componentes do Reino dos Fins.[195]

Para Korsgaard, os conceitos são desmembrados na filosofia kantiana. Isso porque, para Kant, a autoconsciência humana é de um tipo especial, que corresponde à habilidade de pensar sobre os motivos de crenças e ações como fundamentos. A diferença entre inteligência e racionalidade, portanto, é que inteligência vincula-se à percepção instintiva do ambiente – evitar ou perseguir algo

---

194 KORSGAARD. *Fellow creatures...*, *op. cit.*, p. 8.

195 MIDGLEY, Mary. "Persons and non-persons". In: SINGER, Peter (ed.). *In defense of animals*. Oxford: Basil Blackwell, 1985. p. 56.

concreto por vias de medo ou desejo, e a racionalidade se conecta à *consciência* de que algo é evitável ou desejável, ou, ainda, à ideia de que é possível fundamentar que um comportamento pode ser positivo ou negativo.

Nesse sentido,

> [u]m animal inteligente, mas não racional, pode ser movido a acreditar ou esperar uma coisa quando percebe outra, já que aprendeu a fazer uma certa conexão ou associação causal entre duas coisas no passado. Mas, como animais racionais, humanos são *conscientes* de que são inclinados a considerar algo como evidência de outra coisa, e, portanto, podem questionar-se se devem fazer esse algo.[196]

Por fim, é a diferença entre inteligência e racionalidade que fundamenta a inclusão na ideia de formulação da Lei Universal kantiana. A ideia de fazer um ato A por causa do fim F poder ser considerada um princípio normativo depende do fato de se poder considerar A e F como máximas universais. Caso seja possível, então, elas devem ser universais. Assim, Kant atinge o Imperativo Categórico: "Age como se a máxima de tua ação devesse tornar-se, através da tua vontade, uma lei universal."[197]

Em suma, um ser racional é aquele que conduz sua ação de acordo com uma vontade legislativa enraizada na autonomia, o que garante a validade do Imperativo Categórico e a entrada no Reino dos Fins. Assim, a racionalidade é tanto condição para especialidade do *status* moral quanto um imperativo para que a autonomia seja exercida. Nesse sentido, a racionalidade é característica que (i)

---

196 KORSGAARD. *Fellow creatures...*, *op. cit.* p. 9.

197 KANT. *Groundwork...*, *op. cit.* 4:446-447, p. 52.53.

difere animais e humanos e (ii) *impõe* deveres de universalização de condutas.

Para Korsgaard, é por isso que

> [n]ão se pode esperar que outros animais regulem suas condutas de acordo com o acesso aos seus princípios, pois eles não são conscientes deles. Não possuem, portanto, obrigações morais.[198]

Nesse ponto, a maioria das análises do recorte kantiano no que tange aos animais é encerrada. Entretanto, para Korsgaard, a discussão cabe ser levada adiante. Isso porque animais não possuírem obrigações morais não implica que seres humanos não devam ter obrigações para com eles.

A análise deve ser estendida, portanto. E, para Korsgaard, o ponto de partida encontra-se na raiz do argumento que categoriza a Fórmula da Humanidade. Para Kant,

> seres [...] desprovidos de razão possuem somente um valor relativo, como meios, e são, portanto, chamados de *coisas*, ao passo que seres racionais são chamados de *pessoas*, pois a natureza deles [...] os distingue como fins em si.[199]

Sobre os animais, Kant, ao remontar a origem da história humana, especula sobre a ancestralidade em comum entre esses seres. Com o paradigma do Jardim do Éden, Kant afirma que a história da humanidade possui gradação, e que esta foi responsável pelo desenvolvimento da autoconsciência e da consequente moralidade em humanos.

---

198 KORSGAARD. *Fellow creatures...*, *op. cit.* p. 11.

199 KANT. *Groundwork...*, *op. cit.* 4:428, p. 37.

A justificativa para um *status* moral tão elevado dos humanos, em comparação aos animais, encontra-se na percepção de que o ser humano é o verdadeiro fim da natureza. Na metáfora do Jardim do Éden, isso fica claro para Kant. Assim, o ser humano não deve se colocar no mesmo patamar dos animais.[200] Esse é o ponto distintivo, na teoria kantiana, de humanos e animais. A partir dessa gradação na história da humanidade, seres humanos deixam de considerar-se como criaturas semelhantes aos animais e passam a considerá-los como meios para fins.[201]

Ao considerar animais como coisas, ou meios para fins, Kant fornece justificativa para que animais possam ser usados, mas não sem quaisquer perspectivas de regramentos. Nesse sentido, Korsgaard nota que há alguns limites no uso. Animais podem ser mortos, desde que isso seja efetuado de modo rápido e indolor, e nunca para fins esportivos. Ainda, experimentos podem ser efetuados em animais, mas não para mera especulação ou quando os fins podem ser atingidos sem o uso de animais.[202]

Esses deveres de restrição, entretanto, pouco dizem respeito aos animais enquanto seres não racionais. Guardam correlação com o fato de que seres humanos têm deveres de humanidade para consigo mesmos. Assim, para Kant, o tratamento violento e cruel de animais é radicalmente oposto aos deveres que os humanos têm consigo mesmos, posto que eles empobrecem a própria moralidade humana.[203]

---

200 KANT *in* KORSGAARD. *Fellow creatures...*, *op. cit.* p. 12.

201 KORSGAARD. *Fellow creatures...*, *op. cit.* p. 14.

202 KORSGAARD. *Fellow creatures...*, *op. cit.* p. 14.

203 KANT, Immanuel. MM 6:443, p. 192-193.

Os deveres morais de humanos para com humanos somente é justificado, dado que somente humanos possuem a vontade legislativa – vinculada à autonomia. Uma vez que a natureza racional existe como um fim em si, essa é a única representação possível para humanos. Uma ruptura radical no pensamento kantiano da filosofia pretérita ao autor prussiano pode ser pensada a partir dessa afirmação. Isso porque, para Kant, objetos ou coisas não são intrinsecamente valorosos, do ponto de vista ético. Antes, "não se deseja as coisas pois elas são valorosas; considera-se que as coisas são valorosas pois elas são desejadas".[204] Assim, o valor encontra-se centrado do ser racional, e não na coisa em si.

É essencial, para o desenvolvimento da teoria de Korsgaard sobre animais, compreender que todos os valores advêm da vontade legislativa. Ainda, é crucial salientar que a ideia própria da noção de *valor* está enraizada na racionalidade, que é condição de possibilidade de toda a caracterização do Reino dos Fins e da Fórmula da Humanidade. Isso posto, Korsgaard nota que a "[o]brigação não surge do valor: antes, obrigação e valor surgem em conjunto a partir dos atos da vontade legislativa."[205]

Essa vontade legislativa *deve ser* universal, e não há outra forma de analisá-la. Entretanto, ao introduzir a categoria de "cidadãos passivos", dentre eles mulheres, crianças e servos, Kant sugere que há seres que não participam da legislação moral, mas que, não obstante, devem ser protegidos legalmente. Assim, Korsgaard afirma que, "[o] fato de que animais não podem participar da legislação moral é insuficiente para estabelecer que eles não podem obrigar humanos (...)."[206]

---

204 KORSGAARD. *Fellow creatures...*, *op. cit.* p. 18.

205 KORSGAARD. *Fellow creatures...*, *op. cit.* p. 20.

206 KORSGAARD. *Fellow creatures...*, *op. cit.* p. 22.

Essa reflexão conecta-se à Fórmula da Humanidade. De acordo com ela, as escolhas conferem valor aos objetos. Contudo, o argumento kantiano não é ingênuo nem autopoiético a ponto de fundamentar na mera vontade humana a própria vontade humana. Isto é, interesses humanos não importam por serem interesses de um ser racional e autônomo. Ainda que o fato de um ser humano ser racional e autônomo, isso não significa que essas qualidades são o *fundamento* de uma ação universalizável. Isso porque o valor é uma *construção* humana. Korsgaard sintetiza essa ideia, ao dizer que a "[a]utonomia coloca seres humanos em uma posição de fazer a demanda, mas não é a razão *para* a demanda."[207]

O valor de seres com fins em si não está somente no respeito à escolha autônoma, portanto, mas também no conteúdo das escolhas. Assim, quando faz-se uma afirmação que considera que uma ação é boa ou ruim para um ser, como, por exemplo, uma planta, deve-se analisar a função que esse ser estabelece consigo mesmo. Para Korsgaard,

> [j]á que a função de uma planta [...] é a de se manter viva, é a necessidade da planta, não a dos humanos, que é afetada por coisas que permitem ou interferem o seu funcionamento. Uma planta, portanto, 'possui um bem', em um sentido delicadamente mais profundo [...], já que o que é 'bom para ela' é mais autenticamente 'bom para ela mesma'.[208]

Devido à capacidade que animais possuem de experimentar e perseguir o que é naturalmente bom ou ruim (por inteligência

207 KORSGAARD. *Fellow creatures...*, *op. cit.* p. 27.

208 KORSGAARD. *Fellow creatures...*, *op. cit.* p. 29.

ou instinto), a satisfação ou insatisfação de suas necessidades é desejável ou indesejável. Nesse sentido, um animal é "um sistema orgânico para quem a própria noção de 'bom' importa".[209]

Ainda, ressalta-se que o elemento distintivo entre humanos e animais não reside em uma conexão com ordens transcendentais para além da natureza. Antes, em Kant, o elemento distintivo está na *habilidade para construir* uma ordem transcendental – que humanos possuem, mas animais não.

A Fórmula da Humanidade kantiana indica que não se deve tratar seres humanos como meros meios. Entretanto, seres humanos utilizam-se como meios frequentemente, dado que prestam serviços e colocam-se à disposição de outros. Nesse sentido, há, para Korsgaard, uma diferenciação sutil, mas importante, entre tratar algo como meio e tratar algo como *mero* meio. O elemento distintivo encontra-se na ideia de consentimento – informado e não coercitivo. "[O] princípio de Kant requer que, quando se entre em uma interação com outra pessoa, deve-se agir de uma forma tal que seja possível para aquele pessoa consentir".[210] E essa noção de consentimento somente inclui a comunidade humana, posto que é um exercício virtualmente impossível a busca pela obtenção de consentimento de animais. Em face da impossibilidade de obtenção de consentimento, Korsgaard aponta dois caminhos. O primeiro deles é o da não interação completa – o caso mais radical do abolicionismo animal, tal qual previsto por Gary Francione. O segundo se encontra em uma posição de interação

---

209 KORSGAARD. *Fellow creatures...*, *op. cit.* p. 30.

210 KORSGAARD, Christine. "Interacting with animals: a kantian account". In: BEAUCHAMP, Tom. FREY, Raymond G (eds.). *The Oxford Handbook of Animal Ethics*. Oxford: Oxford University Press, 2013. p. 109-110.

mediada pela empatia. Nesse segundo sentido, ela afirma que "[é] possível interagir com os animais desde que seja possível pensar que eles tenderiam a consentir em uma determinada situação".[211] Assim, quando a relação é mutuamente benéfica e justa, como é o caso, para Korsgaard, das espécies de companhia e da produção de derivados do leite e de ovos, o uso de animais não enquadra-se como "meros" meios, mas como "meios". Nesses casos, é razoável pensar que haveria um consentimento no uso.

Entretanto, não é plausível pressupor que um animal consentiria, caso pudesse, em ser morto sob condições cruéis de tratamento para se tornar alimento de outrem, ou, ainda, tornar-se uma peça de vestimenta. Também não é plausível pressupor que um animal consentiria em ser torturado para fins de pesquisa científica. Nesse sentido, deve-se evitar o uso de animais em situações nas quais o consentimento seja muito pouco provável. Segundo Korsgaard, esse é um imperativo kantiano, dado que uma ação que privilegia o consentimento e o não uso de seres como "meros meios" é valoroso em si,

> como uma expressão de respeito por e solidariedade com as criaturas nesse planeta que compartilham a mesma a sorte surpreendente dos humanos – os outros seres para os quais as coisas podem ser naturalmente boas ou más.[212]

Conclui-se que o argumento kantiano para a inclusão de animais na ordem moral indica que o fato de animais serem seres orgânicos que possuem uma noção de "bom" importa, pois essa é uma característica compartilhada entre humanos e animais. Ainda, ao considerar que humanos são fins em si, têm-se em mente a

211 KORSGAARD. *Interacting with animals...*, *op. cit.* p. 110.

212 KORSGAARD. *Interacting with animals...*, *op. cit.* p. 111.

ideia de que esses seres transformam o "bem natural" em vontade legislativa. Nesse sentido, "a natureza animal é um fim-em-si, pois a própria legislação humana assim a considera. E é por isso que humanos possuem deveres para com os outros animais."[213]

3.3 O abolicionismo animal

O diagnóstico feito pelos abolicionistas acerca do problema da relação entre humanos e animais é elaborado de forma incisiva. Para os abolicionistas, via de regra, a relação travada entre esses seres é enquadrada em um escopo denominado por Gary Francione, o maior expoente no campo, como "esquizofrenia moral".[214]

Para que seja possível compreender o que leva os abolicionistas a afirmarem que a relação supracitada é pautada por uma esquizofrenia moral, é necessário efetuar um recuo semântico, a fim de se esclarecer (i) o que significa ser um abolicionista ético no que tange à relação com os animais e (ii) quais os traços da relação denotam tal esquizofrenia.[215]

---

213 KORSGAARD. *Fellow creatures...*, *op. cit.* p. 33.

214 FRANCIONE, Gary. "Animals – property or persons?" In: SUNSTEIN, Cass. NUSSBAUM, Martha (eds.). *Animal rights*: current debates and new directions. Oxford: Oxford University Press, 2005. p. 108.

215 A autora do presente trabalho aproveita o espaço para tecer críticas à utilização do termo "esquizofrenia moral" no tocante à relação entre humanos e animais. Inicialmente, cumpre destacar que a utilização do termo "esquizofrenia" diz respeito a uma doença. A esquizofrenia é caracterizada, na literatura médica, como um transtorno de ordem mental. Definida como um "distúrbio mental crônico e severo que afeta o modo através do qual uma pessoa sente, pensa e se comporta", ela é uma doença extremamente grave e delicada. Tal disfunção resulta na incapacidade, absoluta ou rela-

As raízes do abolicionismo encontram-se na análise histórica de uma tônica que permeia a relação de seres humanos para com o seu ambiente: a complacência.

Para Alan Watson, a história política e social dos humanos encontra-se "cravejada de complacência: com seres humanos designados como escravos, com pessoas não brancas, gays, mulheres e animais. A repulsa social à opressão, quando vem, é frequentemente extrema e violenta."[216] Contudo, a complacência, muito embora seja ferramenta de chamada de atenção a um determinado problema de ordem ética, não tem se mostrado um método eficaz de combate às injustiças, uma vez que elas não questionam profundamente o *status quo* legitimador de injustiças. Assim, a complacência, muito embora seja frequentemente utilizada como mecanismo de combate aos tratamentos injustos existentes na história, não ataca a raiz dos problemas diagnosticados. Para Francione, esse é o caso da relação entre humanos e animais.

---

tiva, de um ser humano compreender a realidade na qual ele está imerso. Ainda há um intenso debate sobre o caráter da esquizofrenia, sendo ela ora tratada como uma condição ambiental, ora como uma doença de ordem genética. Entretanto, todos os pacientes acometidos por tal mal sofrem de redução na percepção ou engajamento com o ambiente. Esse quadro resulta em profundo sofrimento para o paciente e para os seus familiares. Nesse sentido, posiciona-se no presente trabalho de forma crítica ao uso desse termo, por considerar-se inadequado e ofensivo às pessoas cujas vidas são marcadas pela doença. Para mais informações sobre a esquizofrenia, bem como referência à citação posta acima: WORLD HEALTH ORGANIZATION. *Schizophrenia Fact Sheet*. Abr. 2016. Disponível em: <http://www.who.int/mediacentre/factsheets/fs397/en/>. Acesso em: 23 mai. 2016.

216 WATSON *in* FRANCIONE. *Introdução aos direitos...*, *op. cit.* p. 15.

O que o recorte abolicionista propõe, em última análise, é o rompimento com a lógica de tratamento dos animais com base em recortes humanitários ou compassivos, propondo, outrossim, que os interesses dos animais sejam efetivamente levados a sério.

A superação da lógica compassiva do tratamento dos animais se inicia com a afirmação de que há uma disparidade entre o pensamento humano com relação aos animais e a conduta praticada diariamente. Ao passo em que se afirma que os interesses dos animais são levados em consideração, pois eles possuem *status* moral, animais são cotidianamente utilizados como *coisas*. Estima-se, por exemplo, que cerca de noventa e quatro por cento dos britânicos acreditam que animais devem ser protegidos de atos cruéis.[217]

Entretanto, o número de animais abatidos ou utilizados em práticas cruéis é exorbitante. Estima-se que, nos Estados Unidos, cerca de oito bilhões de animais são mortos anualmente pela indústria alimentícia; a caça é responsável por um número de cerca de duzentos milhões de animais; no ramo do vestuário, cerca de quarenta milhões de animais são mortos para a confecção de vestimentas.[218]

Para Francione, a incongruência entre o fato de seres humanos serem contrários ao abuso de animais e o corriqueiro abuso na utilização desses configura a esquizofrenia moral: "afirmamos que consideramos os animais como seres que tem interesses moralmente significativos, mas nossa maneira de tratá-los contradiz

---

217 KIRKBRIDE, Julie. Peers use delays to foil hedgehog cruelty measure. *Daily Telegraph*. 3. nov. 1005. p. 12.

218 FRANCIONE. *Introdução aos direitos...*, *op. cit.* p. 22-23.

nossa afirmação."[219] A raiz da incongruência entre o que é pensado e o que é feito remonta, de acordo com Francione, a um problema basilar das sociedades ocidentais. Para o norte-americano, "a raiz da profunda inconsistência entre o que dizemos sobre os animais e como realmente os tratamos é o *status*, ou a condição, dos animais como nossa *propriedade*."[220] Ao relegar animais em um sistema jurídico à condição de propriedade, invoca-se a ideia de que animais assemelham-se às mercadorias, podendo ser comprados, vendidos e trocados sob uma lógica de valoração vinculada ao arbítrio exclusivamente humano.

A condição de propriedade é adequada às teorias que invocam o bem-estar dos animais, ou mesmo o tratamento humanitário destes, posto que os interesses que são levados em consideração, tanto na ótica da propriedade quanto na ótica do tratamento humanitário, configuram-se como interesse "dos proprietários contra os interesses da sua propriedade animal."[221]

A lógica de se considerar animais como coisas remonta a uma tradição, já abordada no presente trabalho, que perdurou até o século XIX. Animais eram irrelevantes moralmente, considerados como coisas e cujo "*status* moral (...) não diferia do *status* moral de objetos inanimados como as pedras ou os relógios."[222] Essa visão fora corroborada pela teoria cartesiana no que diz respeito à diferenciação entre seres humanos e animais. Como corolário, extraiu-se a conclusão equivocada de que animais não eram seres sencientes. Para Descartes, afirma Francione,

---

219 FRANCIONE. *Introdução aos direitos...*, *op. cit.* p. 23.

220 FRANCIONE. *Introdução aos direitos...*, *op. cit.* p. 27.

221 FRANCIONE. *Introdução aos direitos...*, *op. cit.* p. 27.

222 FRANCIONE. *Introdução aos direitos...*, *op. cit.* p. 49.

> é tão sem sentido falar nas nossas obrigações morais para com os animais, máquinas criadas por Deus, quanto falar nas nossas obrigações morais para com os relógio, máquinas criadas por humanos.[223]

O rompimento da visão cartesiana ocorreu, por exemplo, em Immanuel Kant. Como já abordado no trabalho, o recorte kantiano aplicado ao problema da relação entre humanos e animais indica que animais são seres sencientes. Contudo, não é possível extrair dessa asseveração que animais possam ser sujeitos de uma relação moral direta. Animais, como "instrumentos do homem", existem em prol do usufruto humano. A obrigação que permeia tal relação recai indiretamente, dado que "quem é cruel com os animais também fica duro nas suas relações com os homens.[224]

No entanto, o rompimento definitivo com a noção de que animais eram seres incapazes de sentir dor, prazer ou sofrimento veio com o entendimento acerca do princípio do tratamento humanitário. As raízes do tratamento humanitário ou bem-estarista a animais encontra-se no já mencionado filósofo Jeremy Bentham. Para ele, o traço em comum, e que deve ser levado em consideração em teorizações éticas, entre humanos e animais reside na capacidade para a senciência.

A humanização do tratamento dos animais, para Francione, foi juridicamente interpelada e traduzida na linguagem do bem-estar animal, em especial nas leis que vedam a crueldade para com animais. O bem-estarismo legal corresponde à versão

---

223 FRANCIONE. *Introdução aos direitos...*, *op. cit.* p. 50.

224 KANT, Immanuel. *Lectures on ethics*. Ted. Louis Infield. Nova Iorque: Harper Torchbooks, 1963. p. 240.

jurídica da teoria geral do bem-estar animal, extraída da lógica de valorização moral da negativa de sofrimento animal. É possível entender essa vertente jurídica como a visão de que é permitido, em alguns contextos e mediante tutela do sistema legal, permitir a morte ou o sofrimento de animais, contanto que medidas de proteção do bem-estar sejam tomadas, quando possível. Percebe-se, ainda para o autor, a íntima conexão entre o utilitarismo e o viés do bem-estarismo legal. De acordo com Francione, "[o] bem-estarismo legal estabelece uma forte pressuposição no sentido de se permitir que os proprietários dos animais determinem quais os usos dos animais melhor maximizam o valor da propriedade animal."[225] Percebe-se, assim, a íntima conexão entre o utilitarismo e o viés do bem-estarismo legal.

Exemplos dessa lógica são vários, e encontrados em vários diplomas legais ocidentais. Em Nova Iorque, nos Estados Unidos, encontra-se a imposição de penalidades àqueles que fatiguem, sobrecarreguem, torturem ou espanquem, ou, ainda, matem injustificadamente quaisquer animais. Na Inglaterra, a lei de proteção animal, a *Protection of Animals Act*, de 1911, também condena as mesmas práticas da lei nova-iorquina.[226]

Para Francione, no entanto, é uma falácia acreditar que essa visão efetivamente resguarda os interesses dos animais, dado que

> o animal em questão é sempre um 'animal de estimação' ou '*pet*', ou um animal 'de laboratório', ou um animal 'de caça', ou um animal para 'comida', ou um animal de 'rodeio', ou alguma outra forma de propriedade animal que existe somente para nosso uso e que só tem valor como

---

225 FRANCIONE. *Animals, property and the law. ...*, *op. cit.* p. 6.

226 FRANCIONE. *Introdução aos direitos...*, *op. cit.* p. 56.

> um meio para *nossos* fins. Não há realmente nenhuma escolha a ser feita entre o interesse do humano e o interesse do animal porque a escolha já está predeterminada pelo *status* de propriedade do animal.[227]

Ainda, é a tônica do pensamento humanitário ou bem-estarista, no que tange à proteção animal, a ideia de que os usos desses seres são permitidos, mediante imposição mínima de sofrimento e utilidade do propósito. Nessa ótica, percebe-se que o uso de animais para experimentos científicos ou para alimentação é justificado.

Entretanto, para abolicionistas como Francione, não é possível justificar o uso de animais sob o véu da mínima imposição de sofrimento. O conflito de interesses que justifica o uso de animais é, para abolicionistas, apenas aparente.[228] Isso ocorre, pois o uso que é dado a grande parte dos animais atualmente não pode ser, para o autor, considerado como um verdadeiro interesse. Exemplifica-se o seu raciocínio por meio da análise de como o uso de animais para vestuário e para o consumo de produtos de origem animal como alimento.

A premissa fundamental do bem-estarismo animal, a de que existe uma diferença moral significativa entre a vida de uma pessoa e a vida de um animal, é rejeitada por abolicionistas. Para os fins de serem usados como recursos, "todos os se-

---

227 FRANCIONE. *Introdução aos direitos...*, *op. cit.* p. 28.

228 A argumentação que segue foi extraída parcialmente de artigo publicado pela autora em: NASSER CURY, Carolina Maria & LOPES, Laís. "Para além das espécies: a busca por um conceito juridicamente adequado para os animais no direito". In: ZANITELLI, Leandro M. DA SILVA, Monica N. TAVARES, Silvana. *CONPEDI*: Biodireito e Direitos dos animais II. Florianópolis: CONPEDI, 2015. p. 412-432, p. 421-422.

res sencientes não-humanos possuem o mesmo valor moral dos humanos e temos a obrigação moral de abolir o uso dos animais independentemente da 'humanidade' que exista no tratamento dos animais".[229]

No que tange ao uso de animais para vestuário, Francione afirma que os animais utilizados para a produção de casacos de pele, por exemplo, sofrem consideravelmente para que os seres humanos possam utilizar-se de vestimentas perfeitamente confeccionáveis a partir de materiais sintéticos. Estima-se que mais de 40 milhões de animais sejam abatidos para que peças de vestimenta possam ser confeccionadas.

Para o autor, "há muitas alternativas, como o algodão e os tecidos sintéticos, que tornam inteiramente desnecessário o uso de qualquer animal para vestuário".[230]O descompasso entre a necessidade e o sofrimento dos animais é, para Francione, critério suficiente para que o uso de animais para vestimenta seja completamente abolido, não sendo este passível de tutela jurídica que venha a regulamentar.

Ainda, outro âmbito injustificado para o viés abolicionista é o concernente à utilização de animais para a alimentação. Em termos numéricos, a maior parte dos animais utilizados para fins humanos encontra-se no setor alimentício. O resultado da utilização de animais como produtos alimentícios implica, via de regra, na aplicação da lógica industrial padrão para a produção de carne: "os animais [devem ser] criados nos menores espaços

---

229 FRANCIONE, Gary. "The abolition of animal exploitation". In: FRANCIONE, Gary. GARNER, Robert (orgs). *The animal rights debate: abolition or regulation?* Nova Iorque: Columbia University Press, 2010. p. 3.

230 FRANCIONE. *Introdução aos direitos...*, *op. cit.* p. 83.

possíveis e nas instalações mais baratas, e [devem ser] alimentados com a comida de mais baixo preço, de um modo que requeira o mínimo de trabalho humano possível."[231]

O resultado da lógica industrial aplicada aos animais é, segundo o viés abolicionista, devastador. Animais sofrem da privação de luz e das demais condições necessárias para que eles desenvolvam uma vida saudável, como um espaço adequado e limpo e um meio ambiente balanceado. O abate e a produção de derivados de animais gera sofrimento, e esse é, também, injustificado – o que enseja a abolição do uso de animais para fins alimentícios.

Essa inexistência de justificativa se dá a partir da constatação de que, segundo Francione, "[n]ão é necessário, de modo algum, que os humanos comam carne ou outros produtos animais."[232] Para o autor, órgãos como o Departamento de Agricultura dos Estados Unidos (U.S. Department of Agriculture) e a Associação Dietética Americana (American Dietetic Association) reconhecem que uma dieta estritamente vegana, associada à suplementação da vitamina B12, pode fornecer aos organismos humanos os nutrientes necessários para a manutenção da saúde.

Ainda, argumenta-se que o impacto ambiental, gerado pela produção nos moldes atuais de derivados de animais para alimentação, é alto. Observa-se que os animais consomem seis vezes mais proteínas do que produzem. E 40% dos grãos utilizados no mundo inteiro é destinado à produção de carnes, o que gera um cálculo negativo de produção de alimentos e que impacta o ecossistema mundial de modo negativo.

---

231 FRANCIONE. *Introdução aos direitos...*, *op. cit.* p. 59.

232 FRANCIONE. *Introdução aos direitos...*, *op. cit.* p. 63.

Recursos como água e energia também são consumidos massivamente para a produção de alimentos de origem animal, sendo que quase 90% da água potável mundial consumida é utilizada para a produção agrícola e de rebanhos, sendo que a produção de proteína animal consome nove vezes mais água potável que a de proteína vegetal.[233]

Em resumo, esses usos não se justificam pois geram sofrimentos desnecessários e podem ser substituídos por métodos alternativos de produção tanto de vestuário quanto de alimentos.

Denota-se, com isso, o impasse mencionado por Francione: confeccionam-se leis para a proteção animal que não adentram efetivamente em sua proteção, mas somente na regulação dos seus usos de acordo com os interesses humanos. Ainda, trata-se a questão da utilização animal para fins humanos como se todos os usos pudessem ser justificados com base na necessidade.

A solução para esse impasse criado entre a tomada a sério dos interesses dos animais e o comportamento dos humanos perante esse chamado encontra-se na adequação da seriedade dos interesses dos animais. Nesse sentido, Francione aplica o princípio da igual consideração para afirmar que deve-se tratar ética e juridicamente os semelhantes de forma igualitária. Ainda que não seja possível evitar todas e quaisquer formas de tratamento desigual, Francione sustenta que "[e]mbora possamos tolerar diferentes graus e tipos de exploração humana, traçamos um limite. Não consideramos moralmente permissível tratar qualquer humano que seja como propriedade (...)."[234] O que ele propõe é a extensão dessa noção também aos animais.

---

233 FRANCIONE. *Introdução aos direitos...*, *op. cit.* p. 64-65.

234 FRANCIONE. *Introdução aos direitos...*, *op. cit.* p. 29.

Francione argumenta que o direito mais básico de qualquer ser humano inserido em uma sociedade ocidental é o de não ser tratado como uma coisa. O *status* de propriedade não é aplicável a seres humanos, e isso é uma regra que perpassa toda a construção contemporânea de direitos humanos. Percebe-se ainda que, ainda que o direito ocidental seja espraiado e diverso, "num mundo profundamente dividido quanto a muitas questões morais, uma das poucas normas endossadas pela comunidade internacional é a proibição da escravidão humana"[235]. Esse direito é básico pois é irrevogável e irrenunciável, para o autor norte-americano.

Sob a ótica de postular-se direitos monolíticos e pétreos, Francione argumenta que a ideia de que seres humanos não poderem ser enquadrados sob a lógica das propriedades, mas permitir-se a aplicação de tal lógica a animais, é errônea.

Isso porque

> não há nenhuma característica que sirva para distinguir os humanos dos outros animais. Qualquer atributo que possamos pensar que torna os humanos 'especiais', e assim diferentes dos outros animais, é compartilhado por algum grupo de não humanos. Qualquer 'defeito' que possamos pensar que torna os animais inferiores a nós é compartilhado por algum grupo dentre nós. No fim, a única diferença entre nós é a espécie, e a espécie, apenas, não é um critério moralmente relevante para excluir os animais da comunidade moral, assim como a raça não é uma justificação para a escravidão humana, ou o sexo uma justificação para fazer das mulheres a propriedade de seus maridos.[236]

---

235 FRANCIONE. *Introdução aos direitos...*, *op. cit.* p. 31.

236 FRANCIONE. *Introdução aos direitos...*, *op. cit.* p. 32.

Assim, se o princípio da igual consideração é um norte ético válido, deve-se estendê-los aos animais. Mas, sob qual argumento?

Para Francione, o pé de igualdade de interesses que nivela humanos e animais encontra-se não na habilidade para comportamentos cognitivos superiores, mas na senciência.

A afirmação de que um ser é senciente possui desdobramentos. A senciência, para a teoria abolicionista, é a fundação da propriedade de se possuir interesses. Ela é, portanto, a única característica cognitiva necessária para que se possuam interesses. Assim, seres vivos não sencientes não possuem interesses que se conjugam com a ideia de desejarem determinados tratamentos.[237]

Nesse sentido,

> dizer que um ser senciente – qualquer ser senciente – não é atingido maleficamente pela morte é certamente estranho. Afinal de contas, a senciência não é uma característica que evoluiu para servir como um fim em si. Antes, ela é um traço que permite que seres que a possuem identifiquem situações que são perigosas e que, portanto, ameaçam a sobrevivência. *Senciência é um meio para o fim da existência continuada.* Seres sencientes, em função de serem sencientes, possuem interesse na vida continuada, têm interesse em permanecerem vivos [...].[238]

A aplicação da lógica das propriedades aos animais corresponde, portanto, à perda do horizonte igualitário na consideração de interesses. Para sustentar tal argumento, Francione compara a falha do modelo de escravidão nos Estados Unidos, que permi-

---

237 FRANCIONE. *The animal rights...*, *op. cit.* p. 15.

238 FRANCIONE. *The animal rights...*, *op. cit.* p. 15.

tia o tratamento de seres humanos como propriedades, ao erro em tratar animais como propriedade. Para ele, "[a] instituição da escravidão humana era estruturalmente idêntica à instituição da propriedade de animais".[239]

Para que o princípio da igual consideração funcione, portanto, é necessário que os seres a serem equiparados tenham um patamar básico de igualdade. Devido ao fato de serem sencientes, para os abolicionistas, os seres humanos têm o interesse em não sofrer. Isso confere a esses seres um "valor inerente igual, que previne que os valoremos apenas como nossos recursos".[240]

Esse interesse, em sociedades ocidentais, é, para o jurista Francione, protegido na ótica dos direitos – que são, portanto, recursos para a tutela e proteção de um ou vários interesses. Para Francione, enquanto a lógica da propriedade for aplicada, pouco haverá a ser feito no campo jurídico. Isso porque a própria existência do *status* de propriedade aplicado aos animais já desnivela quaisquer possíveis equiparações de interesses entre animais e humanos. Nesse sentido,

> [n]o nosso sistema legal, animais não possuem direitos no sentido comumente aplicado por esse termo. Ainda que haja restrições ao uso de animais (assim como há restrições no uso de todas as propriedades), tais restrições, como leis anti-crueldade ou leis regulando o uso de animais em experimentos, não estabelecem quaisquer direitos para os animais ou impõem quaisquer deveres sobre os humanos que sejam direcionados ao bem-estar do animal. Ao contrário, essas leis requerem que, ao determinar se o sofrimento é 'desnecessário' ou o tratamento é 'de-

239 FRANCIONE. *Introdução aos direitos...*, *op. cit.* p. 165.

240 FRANCIONE. *Introdução aos direitos...*, *op. cit.* p. 172.

> sumano', que sejam balanceados os interesses do animal contra os interesses dos humanos.[241]

Esse sistema legal híbrido, que trata animais como propriedades e seres humanos como pessoas, não serve à defesa dos interesses dos animais. Inexiste, portanto, para o viés abolicionista, uma terceira chave de resposta: a questão se enquadra em uma lógica de tudo ou nada. Ou se considera que os interesses dos animais contam em pé de igualdade com os humanos, ou reiterar-se-á a lógica de exploração especista.

A solução apontada pelos abolicionistas é a de que todos os animais devam ser considerados como pessoas legais não humanas. Francione defende essa expansão do âmbito da personalidade jurídica, posto que

> não podemos considerar os animais "quase pessoas" ou "algo mais do que coisas". Ou eles são pessoas, seres aos quais o princípio da igual consideração se aplica e para com os quais temos obrigações morais diretas, ou eles são coisas, seres aos quais o princípio da igual consideração não se aplica e para com os quais não temos nenhuma obrigação moral direta.[242]

Considerar animais como pessoas legais não implica em estender todos os direitos aplicáveis às pessoas, na qualidade de seres humanos, aos animais. Antes, afirmar que um determinado ser é uma pessoa é sustentar que "esse ser tem interesses moralmente significativos, que o princípio da igual consideração se aplica a esse ser, que esse ser não é uma coisa."[243]

---

241 FRANCIONE, Gary. *Animals, property and the law*. Filadélfia: Temple University Press, 1995. p. 4.

242 FRANCIONE. *Introdução aos direitos...*, *op. cit.* p. 182.

243 FRANCIONE. *Introdução aos direitos...*, *op. cit.* p. 181.

A extensão da personalidade aos animais altera profundamente o modo por meio do qual as relações juridicamente relevantes entre humanos e animais são travadas. Ao se descolarem da posição de coisas, animais não mais serão passíveis de serem utilizados para alimentação, experimentos de ordens diversas, entretenimento ou a indústria da moda.

Outros abolicionistas, que partem de referenciais distintos dos de Francione, também chegam a essa conclusão. É o caso de Tom Regan (1938-presente), que defende que animais são sujeitos de direito. Regan é professor da Universidade Estadual do Norte da Califórnia, nos Estados Unidos, e sua carreira acadêmica desenvolveu-se em torno de estudos em direitos aplicáveis a animais. Ele, a exemplo de Christine Korsgaard, faz parte da tradição kantiana de pensamento. Contudo, as conclusões às quais Regan chega são radicalmente distintas das de Korsgaard. Isso porque, para Regan, animais e humanos compartilham uma mesma essência, que deve ser tutelada como categórica: a de que são sujeitos-de-uma-vida.[244]

Animais são semelhantes a seres humanos em aspectos moralmente relevantes. Em especial, animais possuem uma vida rica do ponto de vista psicológico, além de possuírem uma vasta gama de habilidades cognitivas, emotivas, sensoriais e volitivas. Ainda, o que acontece com eles é importante para eles. Tendo isso em mente, Regan afirma que tanto animais quanto humanos possuem

> interesses, alguns biológicos, alguns psicológicos, alguns sociais [...]. [A] qualidade total da vida de cada um des-

---

244 REGAN, Tom. *The case for animal rights*. Los Angeles: University of California Press, 2004. p. 17.

> ses, em maior ou menor grau, é uma função da satisfação harmoniosa dessas preferências que estão incluídas nos interesses a serem satisfeitos de cada um deles.[245]

Isso faz com que Regan conclua que animais e humanos têm o mesmo direito ao tratamento respeitoso, por serem sujeitos-de-uma-vida. Indivíduos que possuem esse *status* moral nunca devem ser tratados como meios para fins de outros. Devem ser considerados juridicamente como "pacientes morais", e ter o mesmo tratamento jurídico de outros pacientes morais, tais como os humanos.[246]

Em suma, para o viés abolicionista dos direitos em relação aos animais, estes não podem ser caracterizados, sob nenhuma ótica, como propriedade, dado que esse *status* importa em violação ao princípio da igual consideração, ao qual os animais fazem parte por serem seres sencientes. Como corolário da mudança de *status* jurídico, os animais não humanos devem ser tratados a exemplo dos humanos: como pessoas.

Em um nível individual, o abolicionismo prescreve a adoção do chamado "veganismo ético", e a consequente abolição por completo do uso para a alimentação de materiais animais, desde carne até leites, ovos e mel. Na esfera individual, entende-se que essa postura coaduna com a ideia de que animais possuem *status* moral igual aos humanos e que não devem ser usados ou explorados para fins ilegítimos, como a alimentação onívora em um contexto em que se é possível ser vegano.[247]

---

245 REGAN. *The case for...*, *op. cit.* p. 119-120.

246 REGAN. *The case for...*, *op. cit.* p. 17-18.

247 FRANCIONE. *The animal rights...*, *op. cit.* p. 62.

Em um nível coletivo, por sua vez, o abolicionismo propõe a alteração jurídica do *status* de animais como coisas passíveis de apropriação para o de *pessoas jurídicas*.[248]

A diferença principal existente entre o recorte abolicionista e o utilitarista (bem-estarista) encontra-se no fato de que o utilitarismo abre espaço para a utilização de animais para fins humanos, ainda que sob determinadas regras e sob o véu do princípio da igual consideração de interesses, desde que o tratamento seja de forma a evitar sofrimentos desnecessários e preservar, sempre que possível, a igualdade da senciência.

A posição abolicionista, por sua vez, indica que não existe diferença, seja de senciência, seja de racionalidade ou autonomia, capazes de justificar o fato de que os interesses animais possuem um *status* moral inferior aos dos humanos pessoais.

> Aplica-se a noção da igual consideração para o *uso* de animais, não meramente para o *tratamento* de animais e sustenta-se que não é possível justificar o uso de animais como fontes humanas, independentemente da forma de tratamento, seja ele humanitário ou não.[249]

4 A repercussão jurídica das teorias éticas

As pressões exercidas pelas demandas tanto bem-estaristas quanto abolicionistas geraram reflexos jurídicos, no que tange à ampliação paulatina a gradual da proteção dos animais no direito.

A proteção jurídica dos animais no Ocidente ganhou força somente no final do século XVIII, na medida em que o contato

---

248 FRANCIONE. *The animal rights...*, *op. cit.* p. 19-21.

249 FRANCIONE. *The animal rights...*, *op. cit.* p. 15.

entre humanos e animais se deu de modo mais espraiado e aproximado. Isso porque a Revolução Industrial, ao estimular a organização das populações em cidades, trouxe consigo um aumento repentino da população em grandes cidades, que se viram em face de uma necessidade de aumentar exponencialmente a produção de alimentos derivados de origem animal para dar conta do crescente número de pessoas vivendo em um pequeno espaço citadino.

Nesse sentido, os historiadores Samylla Mól e Renato Venancio afirmam que

> [m]ultiplicou-se a necessidade de alimentos, levando ao aumento do número de abatedouros, que começaram a ser percebidos como locais a serem controlados. O transporte era feito com uso da força dos animais, principalmente de cavalos, os quais era, muitas vezes, mal alimentados e chicoteados violentamente. A cidade tornou mais visíveis as ameaças contra os animais. Antes da urbanização estimulada pela revolução industrial, tal violência existia, mas ela se espalhava em milhares de pequenas comunidades e propriedades rurais, diminuindo seu impacto e, principalmente, a percepção social.[250]

A primeira cidade a promover uma alteração na legislação para que a tutela dos animais fosse incluída foi Londres. Já em 1800, o parlamento britânico instituiu uma lei que proibia a luta de cães em território local, e, em 1809, foi proposta uma lei que proibia maus-tratos a animais domésticos. Ambas leis não foram aprovadas, mas deram ensejo aos primeiros debates acerca dos direitos devidos aos animais.[251]

---

250 MÓL, Samylla. VENANCIO, Renato. *A proteção jurídica dos animais no Brasil*. Rio de Janeiro: Editora FGV, 2014. p. 18.

251 MÓL. VENANCIO. *A proteção jurídica...*, *op. cit.* p. 19.

Ainda na Inglaterra, em 1824, foi criada a Royal Society for the Prevention of Cruelty to Animals (RSPCA). Existente até hoje, a sociedade foi pioneira na postulação de emendas jurídicas que conferissem punição a quem promovesse crueldade contra animais. Em movimento conexo, foi criada, nos Estados Unidos, a American Society for the Prevention of Cruelty to Animals (ASPCA), em 1866.

No século XIX, foi aprovada a primeira lei voltada à proteção de animais em solo norte-americano. A lei versava sobre a tipificação penal de exploração comercial de rinhas entre animais domésticos, tais como galinhas e cães.[252]

Contudo, todas as legislações ocidentais ainda estavam adstritas ao alcance dos animais domésticos, sem nada versar sobre animais utilizados em fazendas industriais ou em experimentos científicos.

No Brasil, animais são tutelados juridicamente como integrantes da fauna brasileira, dentro da lógica da proteção à natureza ambiental. É o que estipula a Constituição da República, ao dizer que é dever do poder público proteger a fauna, vedando a crueldade para com animais. Entretanto, o histórico legislativo nacional, no que tange à proteção dos animais, não é inovação trazida pela Constituição de 1988. Ela acompanhou, em menor grau, as discussões em sede de direitos dos animais travadas em países como a Inglaterra e os Estados Unidos.

A primeira lei de que se tem notícia no Brasil que versa sobre a proteção dos animais é datada de 1884. Nessa data, foi aprovado um decreto sobre transporte de mercadorias por estradas de ferro. Em seu artigo 66, tal decreto estipulava que "animais

---

252 MÓL. VENANCIO. *A proteção jurídica...*, *op. cit.* p. 19.

ferozes só serão transportados nos trens de mercadorias ou especiais, e acondicionados em fortes caixões, ou gaiolas de ferro ou madeira."[253] Percebe-se ser uma lei de pouca consideração para com os animais, e mais com a segurança de seres humanos que lidavam com o transporte dessas mercadorias. Contudo, em 1886, foi promulgada a primeira lei que efetivamente versava sobre a proteção dos animais. A cidade de São Paulo, naquela data, proibiu, mediante lei municipal, os maus-tratos bárbaros cometidos contra animais de transporte movido a tração animal. A legislação previa multa de dez réis por infração.[254]

Em 1907, fortemente influenciada pelos ideias abolicionistas de José do Patrocínio (1854-1905), notório defensor da abolição da escravidão,[255] foi criada a Sociedade Brazileira Protectora dos Animaes, sediada no Rio de Janeiro. Por meio dessa sociedade, foi enunciada a primeira grande discussão brasileira voltada às políticas de controle de zoonoses. De acordo com Mól e Venancio, ela "chama atenção para uma questão então muito discutida: o temor de que os animais abandonados fossem transmissores de doenças, como a raiva e a tuberculose."[256]

Contudo, apesar de as discussões terem sido intensificadas com o movimento pela abolição da escravidão e pelo surgimento

---

253 MÓL. VENANCIO. *A proteção jurídica...*, *op. cit.* p. 21.

254 LEVAI, Laerte. "Proteção jurídica da fauna". In: *Manual prático da promotoria de justiça de meio ambiente*. São Paulo: Imprensa Oficial do Estado de São Paulo/Ministério Público do Estado de São Paulo, 2005. p. 569.

255 Patrocínio chegara a afirmar: "Eu tenho pelos animais um respeito egípcio. Penso que eles têm alma. Ainda que rudimentar, e que eles sofrem conscientemente as revoltas contra a injustiça humana". Cf.: MÓL. VENANCIO. *A proteção jurídica...*, *op. cit.* p. 21.

256 MÓL. VENANCIO. *A proteção jurídica...*, *op. cit.* p. 22.

da Sociedade Brazileira Protectora dos Animaes, foi somente em 1920 que o Brasil pode contar com a primeira lei de cunho nacional voltada à proteção dos animais.

O Decreto nº 14.529, de nove de dezembro de 1920, regulava o funcionamento de casas de diversão. De acordo com o artigo 5º, ficava estipulado que "[n]ão será concedida licença para corridas de touros, garraios e novilhos, nem briga de gallos e canarios ou quaesquer outras diversões desse genero que causem soffrimentos aos animaes."[257]

Esse Decreto perdurou, até 1934, como o único em território nacional que versava sobre a proibição de implicação de maus-tratos a determinados animais. Nesse ano, foi aprovada uma legislação que ampliava a proteção contra maus-tratos. Trata-se de Decreto da Era Vargas, de nº 24.645. O Decreto, extenso e bem delimitado para a época, relegava a tutela de *todos* os animais existentes no país ao Estado brasileiro, e que o Ministério Público seria o órgão responsável, além dos substitutos legais e das sociedades protetoras, por assistirem os animais em juízo, conforme estipulava o artigo 2º.

Ainda, em seu artigo 3º, o decreto elencava mais de trinta práticas que podem ser consideradas como maus-tratos. Dentre elas, destacam-se:

> Art. 3º Consideram-se maus tratos:
> I - praticar ato de abuso ou crueldade em qualquer animal;
> II - manter animais em lugares anti-higiênicos ou que lhes impeçam a respiração, o movimento ou o descanso, ou os privem de ar ou luz;
> III - obrigar animais a trabalhos excessivos ou superiores ás suas fôrças e a todo ato que resulte em sofrimento para

---

257 BRASIL. Decreto nº 14.529.

deles obter esforços que, razoavelmente, não se lhes possam exigir senão com castigo;
V - abandonar animal doente, ferido, extenuado ou mutilado, bem coma deixar de ministrar-lhe tudo o que humanitariamente se lhe possa prover, inclusive assistência veterinária;
VI - não dar morte rápida, livre de sofrimentos prolongados, a todo animal cujo exterminio seja necessário, parar consumo ou não;
IX - atrelar animais a veículos sem os apetrechos indispensáveis, como sejam balancins, ganchos e lanças ou com arreios incompletos incomodas ou em mau estado, ou com acréscimo de acessórios que os molestem ou lhes perturbem o funcionamento do organismo;
Xl - açoitar, golpear ou castigar por qualquer forma um animal caído sob o veiculo ou com ele, devendo o condutor desprendê-lo do tiro para levantar-se;
XIV - conduzir veículo de terão animal, dirigido por condutor sentado, sem que o mesmo tenha bolaé fixa e arreios apropriados, com tesouras, pontas de guia e retranca;
XX - encerrar em curral ou outros lugares animais em úmero tal que não lhes seja possível moverem-se livremente, ou deixá-los sem água e alimento mais de 12 horas;
XXII - ter animais encerrados juntamente com outros que os aterrorizem ou molestem;
XXIV - expor, nos mercados e outros locais de venda, por mais de 12 horas, aves em gaiolas; sem que se faca nestas a devida limpeza e renovação de água e alimento;
XXV - engordar aves mecanicamente;
XXIX - realizar ou promover lutas entre animais da mesma espécie ou de espécie diferente, touradas e simulacros de touradas, ainda mesmo em lugar privado [...].[258]

258 BRASIL. Decreto nº 24.645.

Esse decreto vigorou em todo território nacional até a data de 1991, quando foi revogado pelo Decreto nº 761.

Atualmente, o Brasil conta com grandes referências, no que tange ao tratamento jurídico dos animais. Por ordem cronológica, a primeira referência é a própria Constituição da República de 1988, que, no capítulo VI, que versa sobre o meio ambiente, indica, no artigo 225, parágrafo 1º, inciso VII, que incumbe ao Poder Público proteger a fauna e a flora, vedadas, na forma da lei, as práticas que coloquem em risco sua função ecológica, provoquem a extinção de espécies ou submetam os animais a crueldade.[259] Essa proteção, regulamentada posteriormente, fica à cargo do Sistema Nacional de Unidades de Conservação da Natureza, o SNUC, conforme estipula a lei nº 9.985, de 2000.

Já na esfera infraconstitucional, o Brasil conta com outros dois regramentos: o da Lei nº 9.605, de 1998 (Lei de Crimes Ambientais), e o regramento do Código Civil de 2002.

A Lei de Crimes Ambientais tipifica como crime a crueldade cometida contra animais. Estipula, em seu artigo 32, que

> Art. 32. Praticar ato de abuso, maus-tratos, ferir ou mutilar animais silvestres, domésticos ou domesticados, nativos ou exóticos:
> Pena - detenção, de três meses a um ano, e multa.
> § 1º Incorre nas mesmas penas quem realiza experiência dolorosa ou cruel em animal vivo, ainda que para fins didáticos ou científicos, quando existirem recursos alternativos.
> § 2º A pena é aumentada de um sexto a um terço, se ocorre morte do animal.

---

259 BRASIL. Constituição.

Assim, as ações que acarretem em maus-tratos são consideradas crimes. Contudo, sem a normalização do que viriam a ser, efetivamente, maus-tratos, o conteúdo da lei perde a sua eficácia e carece de taxatividade.

Já no Código Civil, versa-se sobre o *status* jurídico dos animais. No Brasil, os animais são considerados coisas. De acordo com o artigo 82 do referido código, animais são bens semoventes, isto é, bens móveis suscetíveis a movimento próprio ou de remoção por força alheia, sem alteração da substância ou de destinação econômico-social.[260]

Os movimentos legislativos, entretanto, estão em avanço. Até a presente data de escrita do trabalho, está em fase de envio à Comissão de Meio Ambiente, Defesa do Consumidor, Fiscalização e Controle (CMA), o Projeto de Lei nº 631, de 2015. Esse projeto, de autoria do Senador Marcelo Crivella, institui o Estatuto dos Animais. Atualmente em tramitação, caso aprovado em todas as instâncias, o Estatuto instituirá que a proteção dos animais deve ser considerada interesse difuso, estabelecendo a proteção à vida e ao bem-estar, vedando maus-tratos e tipificando condutas contrárias aos interesses dos animais, de forma bastante semelhante ao Decreto de 1934, atualmente revogado.[261]

Ainda nesse sentido caminha outro projeto de lei no Senado. De autoria do Senador Antônio Anastasia, o projeto nº 351, de 2015, prevê alteração do Código Civil, no que tange ao *status* dos animais, à luz de ordenamentos germânicos que já descolam

260 BRASIL. Código Civil.

261 SENADO FEDERAL. Disponível em: <http://www25.senado.leg.br/web/atividade/materias/-/materia/123276>. Acesso em: 22 jun. 2016.

animais do *status* de coisas.[262] Atualmente aprovado por Comissão em decisão terminativa e encaminhado à Câmara dos Deputados, o projeto do Senado prevê que ao artigo 82 deverá ser acrescido de parágrafo único, que disporá que animais não serão considerados coisas.[263]

Em suma, é possível afirmar que, no Brasil, o recorte legislativo adotado é eminentemente do bem-estarismo rudimentar. Isso porque todos os animais, independente de características individuais, são passíveis de serem apropriados, e a tutela deles tangencia tão-somente o bem-estar e a prevenção da crueldade.

Já no plano internacional, a proteção dos animais tende a se enquadrar mais na ponte entre um bem-estarismo forte e o abolicionismo. Nesse sentido, aponta a *Declaração Universal dos Direitos dos Animais*, proposta pela Organização das Nações Unidas para a Educação, a Ciência e a Cultura (Unesco). Essa declaração possui cunho abolicionista pois equipara, conferindo igual peso, os direitos de seres humanos e de animais. Destaca-se, nesse diploma legal, os seguintes tópicos:

> Preâmbulo:
> Considerando que todo animal possui direitos;
> [...]
> Considerando que os genocídios são perpetrados pelo homem e que há o perigo de continuar a perpetrar outros [...];
> Considerando que o respeito dos homens pelos animais está ligado ao respeito dos homens pelos seus semelhantes [...];

262 ALEMANHA. *Bürgerliches Gesetzbuch*, parágrafo 90a.

263 SENADO FEDERAL. Disponível em: <http://www25.senado.leg.br/web/atividade/materias/-/materia/121697>. Acesso em: 22 jun. 2016.

> Art. 1º: Todos os animais nascem iguais diante da vida, e têm o mesmo direito à existência.
> Art. 2º:
> a) Cada animal tem direito ao respeito.
> b) O homem, enquanto espécie animal, não pode atribuir-se o direito de exterminar os outros animais, ou explorá-los, violando esse direito. Ele tem o dever de colocar a sua consciência a serviço dos outros animais [...].
> Art. 3º:
> b) Se a morte de um animal é necessária, deve ser instantânea, sem dor ou angústia.

O que se extrai da coleção legislativa exposta é que ora as legislações são baseadas em uma tutela simplista do bem-estar animal, sem descrever, ainda que a título exemplificativo, o que são maus-tratos e como caracterizá-los nos casos concretos, ora tendem a uma antropomorfização exacerbada dos animais, como a Declaração Universal propõe, tornando a tutela dos animais difícil e de baixa eficácia concreta.

5 Considerações finais da Parte II

Na segunda parte do trabalho, tendo sido superada a visão cartesiana sobre os animais, por meio da percepção de que eles são seres dotados de características que os fazem descolar de um mero automatismo, e, ainda, sob o impacto da teoria da evolução, foram abordadas as principais teorias éticas sobre o justo tratamento dos animais em contextos humanos, bem como o reflexo delas na elaboração legislativa brasileira e internacional.

Os três grandes recortes são: o utilitarismo, o viés kantiano e o abolicionismo. Cada um desses excertos correspondem a uma resposta vinculada a uma linha filosófica distinta para o problema da eticidade que permeia a relação entre humanos e animais.

O utilitarismo é um recorte intermediário. De acordo com esse viés, os animais sencientes compartilham com os humanos o princípio da igual consideração de interesses. Isso significa que um interesse de um animal senciente deve contar na mesma medida que o interesse de um ser humano. Caso contrário, o recorte será sempre especista. Todavia, para utilitaristas como Peter Singer, é possível fazer uma distinção entre interesses de seres dotados de racionalidade e autonomia para seres meramente sencientes, posto que aqueles conseguem se projetar no tempo, tendo, assim, mais sofrimento acumulado em face de situações de experiências desagradáveis. No recorte utilitarista, animais podem, sob determinadas condições, ser utilizados para fins humanos, tais como alimentação ou vestuário, desde que o interesse em não sentir dor seja respeitado e que esse ser seja substituível no mundo.

Por sua vez, o viés kantiano vincula-se fortemente à ideia de bem-estar. Partindo da ideia da Fórmula da Humanidade, a kantiana Christine Korsgaard desenvolve a hipótese de que animais compartilham com os seres humanos a capacidade de serem objetos de ações que podem ser boas ou más. Ainda que animais não sejam racionais, no sentido kantiano, não é possível sustentar que não se deva ter deveres éticos para com esses seres. Isso porque animais são seres cujas vidas importam, e podem sofrer ou regozijar-se com uma vida boa. Nesse sentido, em face de situações conflitantes, deve-se averiguar se animais seriam capazes de consentir com um determinado ato, caso pudessem fazê-lo. Em função desse exercício heurístico de obtenção de consentimento é que a conduta humana justa para com animais deve ser pautada.

O abolicionismo é o recorte mais abrupto. De acordo com a visão abolicionista, fortemente calcada no pensamento de Gary Francione, os animais não devem ser tratados como coisas ou propriedades, uma vez que são seres sencientes e, portanto, possuem interesses que devem ser tutelados juridicamente em pé de igualdade com os dos humanos. No recorte jurídico, sustenta-se que, dentro da lógica dos ordenamentos ocidentais, qual seja, a de se dividir o ordenamento entre sujeitos e objetos, animais devem, para que sejam corretamente tutelados, ser enquadrados na categoria jurídica de pessoas não humanas. A solução abolicionista veda todo uso de animais para a alimentação, vestuário e abre pouquíssimas brechas para o uso de animais em pesquisa.

Percebe-se que os três recortes possuem conclusões distintas. No utilitarismo, postula-se que alguns animais, como os grandes primatas, devem ser pessoas, mas os demais devem ser tratados de acordo com o princípio da igual consideração de interesses calcado na senciência. O viés kantiano, por sua vez, indica que, ainda que nenhum animal seja uma pessoa, há deveres éticos para com estes, principalmente deveres concernentes à manutenção do bem-estar dos animais. Já para o abolicionismo, todos os animais, sem exceção de capacidade cognitiva, contanto que sejam sencientes, deverão ser enquadrados como pessoas ante ao ordenamento jurídico. O utilitarismo, por sua vez, postula que alguns animais, como os grandes primatas, devem ser pessoas, mas os demais devem ser tratados de acordo com o princípio da igual consideração de interesses calcado na senciência.

O que se indaga, tendo em vista as três respostas, é se esses critérios são suficientes para endereçar corretamente a questão da relação entre humanos e animais.

Os três recortes foram teorias desenvolvidas, e somente incidentalmente aprimoradas, nas décadas de 1970 e de 1980. A exceção se encontra no recorte kantiano, cuja fonte lógica é o pensamento de Immanuel Kant, filósofo do período Iluminista. Desde então, as relações entre humanos e animais se complexificaram em uma escala global. Cada vez mais, esses dois nichos se encontram interpenetrados e interdependentes. Nas décadas supracitadas, o fenômeno da globalização ainda era um ponto incipiente na história. Atualmente, a globalização e a dissolução de fronteiras com a capacidade ampliada de comunicação e transportes é uma realidade.

Ainda, percebe-se que os problemas ambientais também se transformaram em problemas globais, na medida em que a sociedade se torna cada vez mais interdependente e conectada.

Na parte seguinte, o presente trabalho irá analisar se faz sentido a busca por critérios pontuais, como a noção de espécie ou a senciência, para que seja possível analisar a eticidade da relação entre humanos e animais, além de propor uma nova visão ao problema da resposta à pergunta "o que é um animal?".

3

A ecologia da vida e animais sob a lógica do sistemismo-emergentista

6 A (ir)relevância do conceito de espécie

A análise do conceito de espécie é problemática, tanto na biologia quanto na própria filosofia. Muito embora a definição crua do conceito não seja de difícil absorção ou elaboração, espécies, por possuírem o caráter definidor e organizador de seres vivos em grupos, são importantes para análises normativas em geral. Isso porque (i) a busca por características essencialmente humanas não compartilhadas com outros animais é uma tônica do pensamento ocidental e, (ii) a partir das espécies, extrai-se uma forma normativa de subdivisão do mundo dos seres vivos.

Espécies, primeiramente, são um táxon. Táxons são classificações biológicas dentro de um sistema de organização dos seres e formas de existência na Terra. Neles, agrupam-se um ou mais indivíduos, populações ou organismos que, de alguma forma – genética, por exemplo – possuem raízes em comum. A origem dos táxons remonta ao *Systema Naturae*, de Lineu, que, de forma ainda rudimentar, buscou subdividir, para fins de estudo, a "natureza" em três grandes reinos: o vegetal, o animal e o mineral. A biologia contemporânea elenca oito divisões taxonômicas (portanto, oito táxons). Em ordem do maior para o menor, encontram-se: vida, domínio, reino, filo, classe, ordem, família, gênero e, por fim, as espécies.[264]

Espécies são, nesse sentido, um conceito aparentemente simples: pode-se considerar que estas são um grupo de indivíduos capazes de reproduzir entre si e gerar descendentes férteis. Dessa forma, espécies são o maior *pool* genético capaz de, em determinadas situações, existir.[265] Contudo, a definição léxica do termo "espécie" não é suficiente para que o problema filosófico da ontologia da teoria da evolução e as consequências práticas das suas respostas sejam atacadas.

A busca por uma definição que seja biologicamente adequada ou filosoficamente normativa é tema central de discussões que se iniciaram a partir da publicação da obra mais conhecida de Charles Darwin, *A origem das espécies*.

Ainda que não seja o objetivo central do presente trabalho, para que seja possível compreender o caráter da noção de espécie e a sua consequente relevância filosófica, faz-se necessário analisar o que o recorte biológico contemporâneo compreende por uma espécie – para além da definição léxica.

O debate acerca da definição de "espécie", de uma forma mais complexa, centra-se em três indagações. A primeira delas

264 SAHNEY, S. BENTON, M. J. FERRY, P. A. Links between global taxonomic diversity, ecological diversity and the expansion of vertebrates on Earth. *Biology*, v. 6, n. 4, p. 544-547, 2010.

265 A definição de espécie citada é retirada do *Guia de Evolução* da Universidade de Berkeley, Estados Unidos. Cf.: BERKELEY. *Understanding evolution*. Disponível em: <http://evolution.berkeley.edu/evolibrary/article/evo_41>. Acesso em: 22 mai. 2016.

corresponde ao *status* ontológico de uma espécie, isto é, se espécies são tipos naturais essenciais ou não. A segunda vincula-se ao debate entre monismo ou pluralismo de espécie. Por fim, indaga-se se as espécies são um conceito válido e observável com rigor no mundo. A esses três pontos debruçar-se-á o presente trabalho.

6.1 O debate sobre o essencialismo do conceito de espécie

Dentro da biologia, a noção de espécie é central para a classificação de seres vivos. Ela é critério de organização de categorias em nichos e fundamental para a taxonomia, pois é considerada uma unidade de evolução, isto é, "grupos de organismos que se desenvolvem em uma forma unificada."[266]

Até o impacto da teoria darwiniana da evolução, como já se discutiu na Parte I do presente trabalho, a ideia de espécie era eminentemente essencialista. A ideia de espécie correspondia a uma estrutura estática, não evolutiva, de grupos ou indivíduos.

Inserir a humanidade em uma linha evolutiva ou em um contínuo gradual entre seres parecia ser tarefa infundada para a grande parte da filosofia e do pensamento tradicional do Ocidente. Para Ernst Mayr,

> [o] homem sempre foi considerado um ser inteiramente diferente do resto da criação. É o que diz a Bíblia, e com o que os filósofos, de Platão a Kant, passando por Descartes, concordaram sem reservas [...]. Para a maioria das pessoas, o homem era o pináculo da criação e diferia dos

266 ERESCHEFSKY, Marc. "Species". In: ZALTA, Edward (ed.). *The Stanford Encyclopedia of Philosophy*. Disponível em: <http://plato.stanford.edu/archives/sum2016/entries/species/>. Acesso em: 24 mai. 2016.

> outros animais sob vários aspectos, especialmente por possuir uma alma racional.[267]

A incorporação darwiniana da humanidade por meio da proposição da teoria do ascendente comum, e a subsequente vinculação da humanidade no grande reino dos animais, fez com que a lógica essencialista fosse rompida. No entanto, ainda que a teoria da evolução tenha abalado a força do argumento essencialista da noção de espécie, Marc Ereschefsky assinala que, a despeito dessa "mudança no pensamento da biologia, muitos filósofos ainda acreditam que as espécies são tipos naturais com uma essência."[268]

O argumento essencialista, no que tange à noção de espécie, corresponde à ideia de que as espécies compartilham uma essência entre si, e que é essa essência a responsável por conferir os traços que são corriqueiramente associados aos membros daquele nicho. Assim, se uma espécie é tal que pode ser chamada de *Canis lupus familiaris*, deve haver um conjunto de traços essenciais aos membros desse grupo que faz com que estes, e não os *Felis silvestris catus*, sejam cães.

Assim, dizer que as espécies possuem características essenciais significa que "para cada um dos membros das espécies, existe alguma propriedade não trivial ou um conjunto de propriedades que são compartilhados por todos e somente os membros daquela espécie."[269] Ainda, o essencialismo de espécie indica haver verdadeiras descontinuidades entre as espécies, capazes de demonstrar que a diferença entre uma e outra espécie corresponde a uma diferença de valor observável na natureza.

---

267 MAYR. *O que é..., op. cit.* p. 269.

268 ERESCHEFSKY. *Species. Op. cit.*

269 GREENE. *On the origin... op. cit.* p. 590.

Essa visão, predominante até boa parte do século XVIII, possui seu ápice na própria taxonomia de Lineu. Para Lineu, as espécies são tipos essenciais oriundos de criação divina – visão essa fortemente influenciada pelas ideias criacionistas e religiosas.

Para Mark Greene, "[a] noção criacionista fornece uma análise realista robusta das espécies como sendo dotadas de essências dadas por Deus (...)."[270] Dessa ideia extrai-se a máxima de que "Deus criou, Lineu organizou."[271]

Contudo, as provas empíricas do argumento essencialista não são contundentes, ou mesmo suficientes, para que se possa dizer que espécies possuem traços essenciais dentro dos membros de sua comunidade, e essa dificuldade ocorre pela validade da teoria da evolução. A fragilidade da concepção essencialista encontra-se no fato de que as espécies são mutáveis.

Nesse sentido, caso um traço seja considerado essencial para que um determinado membro *M* seja considerado da espécie *E*, esse traço deve ser imutável, sob o escopo essencialista. E, como coloca Ereschefsky, as "forças de mutação, recombinação e guinadas aleatórias podem causar o desaparecimento de um traço em um membro futuro da espécie". Ainda, ele conclui que, em face da concretude de mutações biológicas em espécie, "a universalidade de um traço biológico em espécies é frágil."[272]

Ainda que exista, heuristicamente, um caso em que um traço seja imutável dentro de uma espécie, o argumento não se sustenta. Isso porque, a forma por meio da qual as espécies evoluem se dá por meio da herança, por meio de ancestrais em comum, de genes similares e programações de desenvolvimento.

---

270 GREENE. *On the origin... op. cit.* p. 591.

271 GREENE. *On the origin... op. cit.* p. 591.

272 ERESCHEFSKY. *Species. Op. cit.*

Também, de acordo com David Hull, a definição de espécies pelo viés essencial demanda a existência de uma precisão inalcançável e irreal no mundo concreto. Se a evolução é uma trajetória longa e gradual, precisar o momento exato em que uma espécie começa e a outra termina é um exercício inócuo. Assim, as espécies "possuem fronteiras imprecisas e que tal imprecisão é incompatível com a existência de essências específicas em espécies."[273]

Conclui-se que, em um pensamento pré-darwiniano, afirma Ereschefsky, o essencialismo faria sentido. Contemporaneamente, todavia, ele deve ser superado. Isso porque, o que quer que signifique "ser membro de uma espécie", isso não pode significar o pertencimento a um grupo essencialista de criaturas viventes.

6.1.2 Monismo e pluralismo de espécies

A superação da visão essencialista do conceito de espécie abriu espaço para uma miríade de novas versões e acepções da palavra. Atualmente, há mais de uma dúzia de explicações para o exato caráter da noção de espécie, todas elas válidas sob o prisma biológico. Estima-se que, no início do presente século, há não menos que vinte e quatro conceitos distintos de espécie – todos postulados por biólogos e cientistas de respaldo acadêmico.[274] As definições mais aceitas no nicho biológico são três: o conceito biológico de espécie, o conceito filogenético de espécie e o conceito ecológico de espécie.

---

273 HULL *in* ERESCHEFSKY. *Species*. *Op. cit.*

274 HEY, J. The mind of the species problem. *Trends in Ecology and Evolution*, v. 16, p. 326-329, 2001.

Para a vertente biológica – a mais tradicional –, uma espécie é um grupo de organismos capazes de, por meio da reprodução entre si, gerar descendentes férteis. Para o viés filogenético, entretanto, espécies são "um grupo de organismos unidos por um ancestral em comum". Por fim, para a versão ecológica do conceito de espécie, esta é "um grupo de organismos que compartilham um nicho ecológico distinto."[275]

Nessa discussão se enquadra o embate entre monismo e pluralismo. Existe um grupo de cientistas que acredita ser necessário unificar o conceito de espécies em um só, havendo um único recorte possível. Esses são os monistas. Ereschefsky afirma que

> [t]alvez esse conceito esteja dentre os conceitos de espécie já propostos e seja necessário determinar qual deles é o correto. Ou, talvez, esse conceito ainda não fora descoberto, e é necessário esperar para que as análises possam progredir.[276]

Oposta à ideia monista se encontra o pluralismo de espécie. De acordo com essa leitura, várias definições de espécie são legítimas, inexistindo um único modelo explanatório da ideia de espécie no mundo.

Para o viés pluralista, algumas espécies são, de fato, um grupo de indivíduos capazes de gerar descendentes férteis entre si. Contudo, o círculo do conceito é ampliado. Além dessa característica, e, ainda, tendo em vista a imprecisão do conceito de espécie como algo essencial, pluralistas como Ereschefsky também incluem na noção de espécie "grupos de organismos que compartilham um nicho ecológico em comum."[277]

---

275 ERESCHEFSKY. *Species*. *Op. cit.*

276 ERESCHEFSKY. *Species*. *Op. cit.*

277 ERESCHEFSKY. *Species*. *Op. cit.*

A razão para se aceitar o pluralismo encontra-se no fato de que a espécie, por si só, não diz muito para a biologia em um espectro mais amplo. Antes, importa o que se quer atingir quando a espécie é integrada a uma análise. E, assim, dependendo do recorte proposto, a ideia de espécie irá variar. Nesse sentido, sugere-se adotar o pluralismo em face da limitação epistemológica do conhecimento humano no corrente estado da arte:

> [o] mundo é excessivamente complexo e a capacidade cognitiva é limitada, devendo-se, portanto, aceitar uma pluralidade de classificações simplificadas e incorretas do mundo [...]. A teoria da evolução, uma teoria muito bem fundamentada, sustenta que o mundo orgânico é multifacetado. De acordo com Dupré, Kitcher e Ereschefsky, o pluralismo de espécie é o resultado das fecundidade das forças biológicas, ao invés da insuficiência da informação científica.[278]

Tendo em vista a fluidez e a não concretude do conceito de espécie, biólogos e cientistas indagam se o critério de espécie é real ou válido para que seja normativo, para além da mera taxonomia contida em livros de biologia.

6.1.3 As espécies existem para além da categoria taxonômica?

A dificuldade em se estabelecer um único critério que valha para todas as situações nas quais o conceito de espécie é empregado deriva do fato de que as espécies variam tanto no seu processo de unificação quanto na estrutura ontológica.[279]

---

278 ERESCHEFSKY. *Species*. *Op. cit.*

279 ERESCHEFSKY. *Species*. *Op. cit.*

Muito embora o recorte pluralista admita a existência de um ou mais conceitos válidos para a explicação das espécies, isso não o torna relativista. Isso porque ele não afirma que, em face da fluidez do conceito de espécie, tal conceito não exista, mas, antes, que a fluidez é uma das características mais marcantes das espécies. Desse modo,

> o mundo orgânico contém diferentes tipos de espécies. A conclusão oferecida por alguns pluralistas [...] é a de que o termo 'espécie' deve possuir uma função disjuntiva. Espécies são tanto linhagens que podem gerar entre si descendentes férteis, quanto linhagens ecológicas, quanto unidades filogenéticas, ou...[280]

Entretanto, um debate tem se solidificado bastante contemporaneamente na biologia. Em face da incerteza gerada pela visão pluralista do conceito de espécie, em conjunto com as evidências angariadas contrárias à visão essencialista da espécie, cientistas como Ereschefsky apontam que a própria categoria de espécie é inválida.

Para Ereschefsky,

> aquelas linhagens que são chamadas de espécie 'variam' em padrões e processos. Além disso, a distinção entre espécies e outros tipos de táxons é permeada por imprecisão. Consequentemente, deve-se duvidar se o termo 'espécie' refere a uma categoria real na natureza.[281]

O questionamento da validade do conceito de espécie como algo concreto no mundo não indaga sobre a existência da taxonomia de espécies. Não se sustenta, portanto, que a espécie

280 ERESCHEFSKY. *Species*. *Op. cit.*

281 ERESCHEFSKY. *Species*. *Op. cit.*

Homo sapiens ou a *Canis lupus* inexistem como categorias taxonômicas. Antes, existem e são válidas. Questiona-se, todavia, a existência de um *ranking* normativo e categórico da ideia ontológica de espécie. Ainda, questiona-se se "a categoria de espécie, como uma categoria científica, deve ser uma categoria interpretativa."[282]

Esse questionamento não é novo na biologia. Mesmo em Darwin, é impossível definir o caráter exato da ontologia de espécie. Isso porque, na prática, a ideia de espécie não é diferente da noção de variabilidade: "o termo espécie é arbitrariamente conferido em razão de conveniência a um grupo de indivíduos que se assemelham estreitamente uns com os outros, e ele não difere essencialmente do termo variedade."[283]

A partir dessa noção, Ereschefsky trabalha a hipótese da irrelevância da ontologia de espécie, tendo em vista a ínfima concretude e observabilidade do conceito na "natureza". Tendo isso em mente, surge uma nova abordagem no tocante ao conceito de espécie: a cética.

O ceticismo de espécie possui três eixos. O primeiro deles corresponde ao reconhecimento de que a categoria ontológica de espécie não é uma categoria real na natureza. O segundo indica que, muito embora cientistas devem ser céticos no que diz respeito à correlação entre a categoria de espécie existir, de fato na natureza, isso não se transforma em uma necessidade de aplicar tal ceticismo para a taxonomia de espécies. Por último, aponta-se

---

282 ERESHEFSKY, Marc. Darwin's solution to the species problem. *Synthese*, v. 175, n. 3, 2010. p. 406.

283 DARWIN, Charles. *On the origin of species*: a facsimile of the first edition. Cambridge: Harvard University Press, 1964. p. 52.

para a necessidade pragmática da manutenção da palavra "espécie" no âmbito da biologia.[284]

Para que todos esses eixos sejam satisfatoriamente explicados, Ereschefsky lança mão de um recuo necessário às origens da teoria da evolução, em Darwin.

Em uma carta a Joseph Hooker, Darwin afirma que a busca por tentar definir, concretamente, onde começa uma espécie e onde termina outra é inócua. De acordo com o inglês, "tudo isso tem a ver, creio, com a busca de tentar definir o indefinível."[285]

É de se salientar que o questionamento darwiniano acerca da exatidão do conceito de espécie não tem a ver com um ou outro grupo enquadrado taxonomicamente. Antes, questiona-se a própria noção ampla de espécie, e não os específicos subgrupos que a ela são integrados.

Darwin indica, em *A origem das espécies*, diversas fontes por meio das quais se pode ser cético quanto ao rigor concreto do conceito de espécie. Ao analisar os processos por meio dos quais as espécies obtiveram variabilidade, Darwin conclui que inexistem diferenças fundamentais entre o conceito de espécie e o de variabilidade, uma vez que "[a] origem da existência de grupos subordinados é a mesma tanto com variedades quanto com espécies, isto é, a proximidade do descendente com os vários graus de modificação."[286] Assim, quando Darwin menciona a palavra "espécie", inexistem quaisquer traços de taxatividade ou normatividade que possam ser extraídos do conceito. Antes, para o próprio

---

284 ERESHEFSKY, Marc. Darwin's solution to the species problem. *Synthese*, v. 175, n.3, 2010. p. 406.

285 DARWIN *in* ERESHEFSKY. *Darwin's solution to...*, *op. cit.* p. 407.

286 DARWIN. *The origin of...*, *op. cit.* p. 423.

autor, o significado de espécie deve ser estritamente compreendido como "aquelas coleções de indivíduos que comumente são designados dessa forma por naturalistas."[287]

O termo "espécie", nesse sentido, não carrega consigo nenhum significado ético, e seu uso é relegado a uma adaptação pragmática, por ausência de nomenclatura melhor.[288] É possível evidenciar as falhas de observação dos modelos teóricos da biologia sobre a espécie na prática nos três eixos mais tradicionais da definição de uma espécie: a reprodutibilidade isolada, a semelhança fenotípica e o compartilhamento de nichos ecológicos.

A reprodutibilidade isolada, critério mais aceito nos manuais de biologia para caracterizar uma espécie, demonstrou-se insuficiente para enquadrar membros de um grupo como uma espécie. Em Darwin, por sua vez, era possível perceber que a reprodução isolada não corresponde a uma qualidade especialmente desenvolvida ou adquirida, mas, antes, a uma diferença puramente incidental.[289] Um grupo é capaz de reproduzir-se isoladamente entre si quando uma série de outros fatores também entram em consideração, tais como separação geográfica, diferenças anatômicas e comportamentais, incompatibilidade genética e fisiológicas. Esses elementos, dentre outros, são responsáveis por permitir que um grupo consiga – ou não – gerar descendentes férteis entre si. Contudo, derivar valor da noção de espécie com base na reprodutibilidade isolada é algo

---

287 DARWIN, Charles. In: STAUFFER, R. (ed.). *Charles Darwin's natural selection*: being the second part of this big species book written from 1856 to 1858. Cambridge: Cambridge University Press, 1975. p. 98.

288 ERESHEFSKY. *Darwin's solution to...*, *op. cit.* p. 409.

289 DARWIN. *On the origin...*, *op. cit.* p. 245.

extremamente problemático – principalmente quando fatores sociais de comportamento humano entram em consideração. É o caso, ilustrado por Greene, dos mecanismos de segregação no interior de uma espécie por meio de ações preconceituosas. Nos Estados Unidos, por exemplo, foi somente nos anos 2000 que o estado da Alabama permitiu, por meio da Emenda 667, que o casamento entre negros e brancos pudesse ocorrer. Caso seja possível derivar valor a partir de um caso de possibilidade ou não de reprodução entre membros, e, ainda, sabendo que a reprodutibilidade não pode ser analisada somente sob o escopo da possibilidade *teórica* de espécies se reproduzirem, mas, antes, deve ser conjugada com fatores genéticos, fenotípicos, comportamentais e ambientais, nesse sentido determinados grupos humanos que não podem reproduzir entre si não estariam abarcados no mesmo escopo de espécie.[290]

Ainda, o apelo a um fenótipo para que espécies sejam caracterizadas é, também, um critério muito pouco sólido. O recurso ao fenótipo para delimitar as espécies demonstra-se lacunoso, posto que é possível observar tanto uma proximidade fenotípica para com espécies muito separadas espaço-temporalmente na linha genealógica da evolução – como é o caso da maioria dos mamíferos – quanto uma diferenciação significativa entre membros de uma mesma espécie – como é o caso dos *Homo sapiens sapiens*.[291]

Ainda, o critério de similaridade baseado no nicho ecológico também é pobre, no sentido explicativo. Uma análise da biota terrestre rudimentar é capaz de demonstrar que diversas espécies, dentre elas a dos cães, dos besouros e dos próprios humanos,

290 Cf.: GREENE. *On the origin...*, *op. cit.* p. 597.

291 GREENE. *On the origin...*, *op. cit.* p. 596.

ocupam os mais diversos nichos ecológicos espraiados no globo terrestre.[292]

Ainda que seja um termo falho, existem razões pragmáticas para que o uso da palavra "espécie" ocorra, ainda que tal categoria não exista, de fato, na natureza: "estudantes aprendem o termo desde os primeiros encontros com a biologia. Guias de campo e monografias taxonômicas usam a palavra "espécie". E o termo é inclusive encontrado em leis governamentais".[293] Contudo, é forçoso afirmar que a categoria biológica deva possuir um *status* normativo de derivação de eticidade. Isso porque a espécie deve ser analisada como tão-somente uma grade ficcional que é colocada sobre a natureza com fins de elucidar aspectos evolutivos. Quaisquer outros elementos extraídos a partir daí vão ser, necessariamente, vagos e imprecisos.

6.2 É possível atribuir valor moral para as espécies?

A biologia contemporânea demonstra o caráter puramente instrumental do conceito de espécie. Isso porque, ao falar sobre uma espécie, um estudioso não pode prescindir de uma macroanálise do ambiente em que tais grupos estão inseridos, e da ação e reação de organismos com o ambiente. Assim, é possível afirmar categoricamente que todos os marcadores comumente elencados para que uma espécie seja biologicamente definida são insuficientes para que seja possível efetivamente caracterizar uma espécie no mundo.

292 GREENE. *On the origin...*, *op. cit.* p. 596.

293 ERESHEFSKY. *Darwin's solution to...*, *op. cit.* p. 420.

Tendo isso em mente, faz-se necessário questionar se a espécie é um critério a partir do qual se pode extrair implicações éticas ou jurídicas. Percebe-se que os

> critérios biologicamente plausíveis para a distinção entre espécies variam em graus e levam à imprecisão e intransitividade [...]. [Existem] razões para se duvidar de que subtipos, genética, fenótipo, nicho ou quaisquer dos mecanismo de reprodutibilidade isolada sejam marcadores plausíveis de valor [...].[294]

Enraizar alguma análise ética ou jurídica com base em um critério tão disputado e pouco confiável quanto o de espécie é relegar ética e direito a uma incerteza com a qual nenhum dos dois âmbitos do conhecimento pode lidar.

Isso porque a lógica argumentativa das ciências contemporâneas – dentro delas, a ética e o direito – não pode prescindir da epistemologia e da empiria para que a construção de um argumento seja propriamente endereçada. Nesse sentido, um argumento é válido na medida em que ele consegue conjugar em seu entorno variáveis que são verificáveis empírica e discursivamente por meio do recurso aos dados materiais (não aprioristicamente transcendentais) e secularizados.[295]

Assim, um argumento que se pretenda ético ou jurídico não é independente ou desvinculado de campos de estudo como o da biologia. Desse modo, deve-se tratar "argumentos em todos os campos como interessantes e apropriados e comparar e con-

---

294 GREENE. *On the origin...*, *op. cit.* p. 598-599.

295 STANCIOLI, Brunello. CARVALHO, Nara. *A pesquisa a partir da construção do argumento jurídico-científico*. Belo Horizonte: Faculdade de Direito da UFMG, [2014]. 32 slides, color. Slide 6.

trastar suas estruturas sem nenhuma sugestão e que argumentos num campos sejam superiores a outro campo."[296]

A organização de um ordenamento ético ou jurídico que se pretenda universal estar enraizada em uma divisão de espécies – *Homo sapiens como pessoas e animais como coisas* –é algo intimamente problemático, pois o próprio critério de espécie é refutável em seu hiper-campo, qual seja, a biologia. Portanto, o critério de espécie deve ser rechaçado, quando se trata de pensar o lugar dos animais em uma escala ético-jurídica valorativa. A categoria de espécie é, dessa forma, irrelevante para que a relação entre humanos e animais seja repensada.

7 É possível estabelecer um critério único para a configuração do status dos animais?

É necessário, portanto, que se repense a linha divisória que justifica a eticidade e juridicidade da relação entre humanos e animais. Atualmente, em face da dissolução da fronteira de espécie, busca-se nas ciências um elemento ou critério capaz de distinguir humanos de animais de forma cabal e que fundamente o hiato entre esses dois entes.

Afirma Tom Beauchamp que a abordagem tradicional que visa a delimitar quais seres ou entidades merecem um *status* moral significativo tende "a questionar quais *propriedades* uma entidade deve possuir para que seja qualificada à proteção moral."[297]

---

296 TOULMIN, S. *Os usos...*, *op. cit.* p. 362.

297 BEAUCHAMP, Tom. "Introduction". In: BEAUCHAMP, Tom. FREY, Raymond G. (eds.). *The Oxford Handbook of Animal Ethics*. Oxford: Oxford University Press, 2013. p. 11.

Os critérios mais comumente elencados como traços distintivos e justificativos de uma diferença no tratamento de humanos e animais são, para além das espécies,

(**i**) a autonomia;

(**ii**) a autoconsciência;

(**iii**) agência moral;

(**iv**) a senciência.

7.1 A autonomia

As raízes da palavra indicam (mas não encerram) o seu significado: de origem grega, autonomia é uma junção de termos que indicam um ser capaz de se autogovernar. Nesse sentido, agentes são autônomos caso as suas ações possam ser reportadas à vontade deles mesmos. A autonomia é um conceito central para toda a teoria da pessoalidade desenvolvida nas filosofias modernas e contemporâneas. Ela é essencial para que a própria ideia de *pessoa* possa ser propriamente endereçada. Ainda, muito embora na filosofia tenha-se discutido bastante sobre a autonomia, é em Jean-Jacques Rousseau e em Immanuel Kant que a noção de autonomia ganha centralidade para as análises éticas e políticas.[298]

A ideia de autonomia é central porque é frequentemente contrastada com a noção de reificação. Isso é, se um ser não é capaz de se autogovernar, ele perde uma característica importante e, com isso, pode ser usado como meio para determinados fins.

---

298 BLACKBURN, Simon. *The Oxford Dictionary of Philosophy*. 2. ed. Oxford: Oxford University Press, 2008. p. 30.

Nota-se a clara influência kantiana na visão ocidental da ideia de autonomia: algo centrado no indivíduo, pouco ambiental e de natureza transcendental (não em sua origem, mas em seu posicionamento no mundo).

Assim, não é difícil perceber a íntima conexão entre o conceito de autonomia e a ideia de um *status* moral superior aos seres que conseguem exercê-la – comumente enquadrados na noção de pessoa.

As raízes da conexão entre autonomia e pessoalidade são espraiadas ao longo da tradição filosófica ocidental. Afirma Brunello Stancioli que o fio condutor que vai de Mirandola a Kant, de Tomás de Aquino a La Mettrie é a autonomia, e esta está intimamente vinculada à concepção moderna da pessoalidade. Isso porque, para Stancioli,

> [o] primeiro eixo de proteção da personalidade é o respeito pela autonomia da vontade, pois respeitá-la é respeitar a própria personalidade. A pessoa humana, dotada de liberdade, deve buscar construir, para si mesma, suas normas, de acordo com sua concepção de bem e de justo.[299]

Ainda, para Sarah Chan e John Harris, a autonomia é uma noção que influencia diretamente a própria ideia de sujeitos de direito e de pessoa. Ela é um dos critérios elencados para efetuar-se uma distinção moral entre "seres humanos e outras formas de vida comestíveis, como alfaces ou nabos, gatos, canários ou galinhas"[300].

---

299 STANCIOLI, Brunello. *Renúncia ao exercício dos direitos da personalidade, ou, como alguém se torna o que quiser*. Belo Horizonte: Del Rey, 2010. p. 84.

300 CHAN, Sarah. HARRIS, John. "Human animals and nonhuman persons".

Isso porque o conceito de pessoa forjado na modernidade, e frequentemente aceito na filosofia contemporânea, cujo ponto incipiente de elaboração remete a John Locke, é calcado na autonomia. Para Locke,

> [d]eve-se considerar o que ser pessoa representa; acredito que essa é um ser pensante e inteligente, que possui razão e reflexão, e pode considerar-se a mesma coisa inteligente em diferentes tempos e lugares; algo que ele só consegue fazer pela consciência que é inseparável do pensar e parece para mim essencial a esse ser; já que é impossível para qualquer um perceber sem perceber que ele realmente percebe.[301]

Nota-se que a ideia de pessoa, portanto, vincula-se a essa capacidade de reflexão, ou seja, de refletir normativamente sobre si mesmo por meio da percepção de que se é um ser distinto dos outros mas espaço-temporalmente situado.

A autonomia é, sem dúvidas, um critério de profunda relevância moral. Assim, por óbvio deve ser relevante ética e juridicamente a forma por meio da qual um ser autônomo é tratado. Isso porque um ser capaz de se autogovernar e agir de acordo com desejos e concepções de vida boa deve, por certo, ser juridicamente protegido para que possa se desenvolver da forma que mais lhe aprouver.[302] No entanto, a autonomia, assim como as demais características que engendram e definem o conceito de pessoa, não é um dado. Antes, é uma *construção*, que se dá na medida e por

---

In: BEAUCHAMP, Tom. FREY, Raymond G. (eds.). *The Oxford Handbook of Animal Ethics*. Oxford: Oxford University Press, 2013. p. 306.

301 LOCKE, John. *An essay concerning human understanding*. London: Oxford University Press, 1964. p. 188.

302 STANCIOLI. *Renúncia ao exercício...*, *op. cit.* p. 118-126.

meio do engajamento de um corpo (plataforma bio-físico-química) com um ambiente arquitetado de uma determinada forma e bombardeado de estímulos sensório-linguísticos. Pode-se afirmar que ela não é um dado transcendental, mas uma construção intersubjetiva que integra os "*valores constitutivos da pessoa* em uma *dada cultura* e em um *dado momento histórico*."[303]

Ainda, autonomia, assim como virtualmente todos os elementos que circundam o conceito de pessoa (tais como racionalidade, autoconsciência etc) não são elementos *tudo ou nada*. São, antes, "capacidades que admitem gradações".[304] Desse modo, estipular a linha divisória de *status* moral na autonomia parece razoável em muitas situações, mas não em outras – talvez na maioria das situações que envolvem a relação entre humanos e animais no cotidiano. Um exemplo: os experimentos dolorosos em animais não são um problema ético porque os animais são autônomos ou deixam de ser. Antes, o problema ético está em utilizar animais para a obtenção de resultados, tendo em vista que eles são seres sencientes.[305] Nesse sentido, existem criaturas que são mais ou menos autônomas, ou, ainda, autônomas em formação incipiente. É o caso, para James Rachels, de crianças. Justifica-se, com base na gradação da autonomia, o fato de que crianças devem ser juridicamente tuteladas e eticamente protegidas de uma forma diferente de adultos.[306]

303 STANCIOLI. *Renúncia ao exercício...*, *op. cit.* p. 92.

304 CHAN. HARRIS. *Human animals and...*, *op. cit.* p. 306.

305 Adiante, a própria importância da senciência como única régua ética será questionada e analisada.

306 RACHELS, James. "Drawing lines". In: SUNSTEIN, Cass. NUSSBAUM, Martha (eds.). *Animal rights*: current debates and new directions. Oxford: Oxford University Press, 2005. p. 168.

Ainda, muito embora a autonomia seja efetivamente relevante em vários casos, é patente que ela é muito pouco relevante em outros casos que, embora não sejam vinculados à importância da autonomia, são ética e juridicamente bastante relevantes. É o caso, por exemplo, da averiguação sobre a justeza de se torturar um animal, uma criança ou uma pessoa com um determinado objeto. A tortura, nesse caso, não é injustificada porque esses seres são ou não autônomos. A justificativa da antieticidade da tortura passa, antes, pela ideia de que esses seres sentem dor e serão perturbados em seu bem-estar por meio dela.

E é justamente a gradação da autonomia, aliada à falta de enquadramento dela como critério relevante em muitos casos, que faz com que ela não seja critério suficiente para atuar como referencial ético da distinção entre os *status* morais de animais e humanos e, consequentemente, implicar juridicamente em uma diferença de tratamento.

7.2 A autoconsciência

Em termos gerais, a autoconsciência[307] pode ser definida

---

307 Ressalta-se a diferença entre consciência e autoconsciência. Enquanto a consciência corresponde a uma capacidade de relação mediada entre o ser e o ambiente, a autoconsciência corresponde a um movimento reflexivo. Destaca-se, ainda, que grande parte dos animais pode ser considerada consciente. É o que foi pactuado entre cientistas, em face de evidências. Essa máxima foi estabelecida cientificamente somente em 2012, quando, em Cambridge, na Inglaterra, cientistas de referência em seus campos chegaram ao consenso de que outros animais, especialmente mamíferos e pássaros, são sencientes. Esse manifesto, denominado *Declaração de Cambridge sobre a consciência*, indica que "evidências convergentes indicam que animais não-humanos possuem substratos de estados conscientes

como a capacidade para ser consciente de que se está consciente.[308] Ainda, é caracterizada pela habilidade de ser o próprio sujeito dos pensamentos, de ter crenças sobre si. Via de regra, o conceito de autoconsciência é acompanhado de um corolário: a percepção de si no tempo, como uma entidade que teve um passado, que vive um presente e que terá um futuro.[309]

Sem dúvida, a posse da autoconsciência é algo relevante ética e juridicamente. Isso porque ela implica em uma série de outras habilidades consideradas importantes para um ser, tais como "a autoconfiança, esperança para um futuro, satisfação com a própria vida, a crença de que se alguém de valor (...)."[310]

A autoconsciência foi, por muito tempo, considerada um bom marcador para a distinção do *status* moral de humanos e animais. Considerou-se, principalmente na primeira metade do século XX, que somente os humanos eram seres dotados dessa capacidade de autorreflexão. O que os estudos em cognição animal mostram, entretanto, é que "a autoconsciência, assim como

---

neuroanatômicos, neuroquímicos e neuropsicológicos em conjunto com a capacidade de exibição de comportamentos intencionais". Consequentemente, o peso das evidências indica que humanos não são únicos em possuir o substrato neurológico que gera a consciência. Cf.: LOW, Philip *et al. The Cambridge Declaration of Consciousness*. Disponível em: <http://fcmconference.org/img/CambridgeDeclarationOnConsciousness.pdf>. Acesso em: 22 mai. 2016.

308 VAN GULICK, Robert. "Consciousness". In: ZALTA, Edward. *The Stanford Encyclopedia of Philosophy*. Disponível em: <http://plato.stanford.edu/cgi-bin/encyclopedia/archinfo.cgi?entry=consciousness>. Acesso em: 22 mai. 2016.

309 RACHELS. *Drawing lines*. *Op. cit.*, p. 169.

310 RACHELS. *Drawing lines*. *Op. cit.*, p. 169.

qualquer outro atributo biológico, vem em graus e se apresenta de muitas formas."[311]

A primeira evidência científica da presença de autoconsciência em humanos foi elaborada por meio do Experimento do Teste do Espelho, do psicólogo Gordon Gallup.

Em um experimento conduzido na década de 1970, Gallup e sua equipe elaboraram um teste simples. Uma pequena marca de tinta vermelha inodora e à prova de alergias era desenhada na testa de animais, a fim de se testar se eles possuíam a capacidade para o autorreconhecimento em frente a um espelho. Caso houvesse a presença da capacidade, o animal automaticamente estranharia aquela marca, e buscaria retirá-la. Caso contrário, a marca passaria despercebida. Evidenciou-se, por meio do teste, que primatas como os chimpanzés possuem tal senso, tendo, de fato, estranhado a marca. Macacos, por sua vez, não possuem essa característica.[312] Talvez o caso mais emblemático seja o da gorila Koko e do papagaio Alex, ambos treinados para aprender e se comunicar por meio da linguagem humana. Ambos animais expressam a ideia de "eu quero" e "possuem a habilidade de pensar sobre suas próprias atitudes, bem como sobre suas próprias experiências."[313]

Posteriormente, o teste foi feito com outros animais, além de primatas e macacos, tendo sido bem-sucedido em primatas, golfinhos e elefantes. Um animal que é bem-sucedido no teste do espelho "parece reconhecer o animal no espelho como um 'eu' e, portanto, considera-se que possui um senso de '*self*'".[314]

---

311 KORSGAARD. *Interacting with animals...*, *op. cit.* p. 101.

312 GALLUP JR., Gordon G. Chimpanzees: Self-Recognition. *Science*, v. 167, n. 3914, p. 86-87, 1970.

313 KORSGAARD. *Interacting with animals...*, *op. cit.*, p. 102.

314 KORSGAARD. *Interacting with animals...*, *op. cit.*, p. 101.

O teste do espelho como guia para a detecção de autoconsciência em animais é fortemente criticado hodiernamente. Inicialmente, a crítica mais elementar ao teste é a de que ele relega à visão uma função determinante para a detecção do autorreconhecimento no espelho. Porém, há animais que não possuem a visão como um sentido tão apurado quanto o humano, tendo desenvolvido outros – como audição ou olfato. Ainda, considera-se que, para alguns animais, a marca pode ser insuficiente para que eles sequer reajam ao teste em si. Nesse sentido, acredita-se que diversos animais, como cães e gatos, que não passam pelo teste do espelho de forma satisfatória, têm, não obstante, sensos de autoconsciência. Para Korsgaard,[315] ter autoconsciência é saber que uma das coisas dentro do seu mundo é você.

Para Korsgaard, um tigre, por exemplo, que

> está à jusante de sua pretensa presa não está meramente consciente de sua presa pretendida – está também se localizando, no que tange à sua presa, no espaço físico, e isso sugere uma forma rudimentar de autoconsciência. Um animal social que faz gestos de submissão quando um animal mais dominante entra em cena está se localizando no espaço social, e isso também sugere uma forma de autoconsciência. Da mesma forma, isso ocorre na rivalidade entre dois animais domésticos pela atenção humana [...]. O conhecimento da forma através da qual um animal se relaciona com os outros envolve algo para além de meramente um conhecimento sobre eles.[316]

Além dessas capacidades, animais também possuem a habi-

---

315 A ideia de Korsgaard é corroborada por Peter Singer e James Rachels, por exemplo.

316 KORSGAARD. *Interacting with animals..., op. cit.* p. 101.

lidade de se situarem no espaço com maestria, de se localizarem como seres que possuem desejos, emoções e experiências inteligentes. Também possuem uma vasta relação para com o próprio corpo.

Ainda que animais possuam autoconsciência, ela parece se diferir da humana – pessoal, em graus substanciais. A autoconsciência presente em um ser humano pessoal se vincula à própria noção de autonomia. Nesse sentido, as pessoas são agentes *e* sujeitos de uma autogovernabilidade normativa. A maioria dos animais, no atual estado da arte, efetivamente não desempenha tamanha complexidade no que tange à conjugação entre autonomia e autoconsciência.

Entretanto, é impossível dizer que a maior parte dos animais com os quais seres humanos lidam no dia a dia não possuem ao menos rudimentos de autoconsciência. Da mesma forma que uma criança também não a possui em completo, ou que uma pessoa em estado vegetativo permanente também deixa de possuí-la, a autoconsciência parece ser, novamente, uma questão de grau, e não um tudo ou nada.

O que se deve ter em mente é que (i) a autoconsciência não é uma habilidade exclusivamente humana, (ii) alguns humanos não a possuem e (iii) ela, não obstante seja um critério de fundamental importância para grande parte da análise de um *status* moral de uma determinada criatura, pode ser irrelevante para outras.

7.3 A agência moral

Um dos temas mais controversos no que tange à busca por um atributo que seja suficiente para delinear uma linha moral estrita entre humanos e animais é o da posse da moralidade.

Têm-se como pacífica, tanto na filosofia continental[317] quanto na analítica,[318] a ideia de que animais são seres para os quais ações morais são devidas. Muito embora a discussão sobre o exato caráter dessas ações morais seja objeto de profundas discussões, como é possível evidenciar por meio do presente trabalho, é inquestionável que, hodiernamente, animais são passíveis de consideração moral.

Todavia, contemporaneamente discute-se para além da passividade moral dos animais. Essa ideia é certamente pouco ortodoxa, mas não é pouco discutida. David DeGrazia, por exemplo, afirma que alguns animais são agentes morais,[319] e Evelyn Pluhar afirma que

> [é] realmente tão claro, entretanto, que a capacidade para agência moral não possui precedente em qualquer outra espécie? Certamente outras capacidades são requeridas para a agência moral, incluindo capacidades para emoção, memória e comportamento direcionado a uma meta. Como visto, há ampla evidência que aponta para a presença dessas capacidades [...] em alguns não-humanos. Não é surpresa, então, que evidências tenham sido angariadas no sentido de que não-humanos são capazes daquilo que chamamos de comportamento 'moral' ou 'virtuoso'.[320]

Essas leituras são fortemente influenciadas pelas evidências empíricas encontradas em estudos conduzidos por biólogos ou

---

317 Por exemplo, no pensamento de Christine Korsgaard.

318 Como em Peter Singer, John Harris e Julian Savulescu.

319 DEGRAZIA, David. *Taking animals seriously*. Nova Iorque: Cambridge University Press, 1996. p. 203.

320 PLUHAR, Evelyn. *Beyond prejudice*: the moral significance of human and nonhuman animals. Durham: Duke University Press, 1995. p. 2.

etólogos. Citar-se-á, no presente trabalho, dois estudos emblemáticos para a remodelagem da ideia de que animais não agem por razões morais.

O primeiro deles é um dos casos mais importantes mencionados no trabalho da bioeticista Jessica Pierce e do biólogo Marc Bekoff. Ao analisar o comportamento social de animais, Pierce e Bekoff evidenciam que há animais que claramente possuem senso de *fair play* e cooperação em atividades em conjunto. É o caso de cães domesticados que não toleram em seu bando semelhantes que trapaceiam em brincadeiras. Além disso, coiotes e lobos reagem negativamente ao jogo desleal em brincadeiras e a semelhantes que não seguem as regras do bando.[321]

O que os autores extraem dos estudos em comportamento animal é que, por meio da ludicidade dos animais – engajamento em atividades como jogos –, foi possível perceber que comportamentos trapaceadores ou enganadores não são socialmente tolerados.

> Os animais realmente trabalham para reduzir as desigualdades em tamanho, força, *status* social e a forma através da qual cada ser é convidado a brincar. A brincadeira não ocorre se o animal decide não engajar-se na atividade, e igualdade e justeza são requisitos para que a brincadeira continue [...]. Talvez a brincadeira no reino animal seja peculiarmente igualitária [...].[322]

No entanto, o experimento mais impactante na seara da moralidade em animais é o conduzido pelos primatólogos Sarah

321 PIERCE, Jessica. BEKOFF, Marc. *Wild justice*: the moral lives of animals. Chicago: The University of Chicago Press, 2009. p. 120.

322 PIERCE. BEKOFF. *Wild justice*: the..., *op. cit.* p. 121.

Brosnan e Frans de Waal. No estudo, os cientistas evidenciaram que, ao longo da evolução da cooperação entre animais, a comparação entre um esforço e uma recompensa existe.

Por muito tempo, afirmou-se que, no que tange à cooperação e execução de tarefas mediante recompensa, os seres humanos são os únicos capazes de rejeitar o pagamento desigual. Contudo, em experimento de laboratório, Brosnan e de Waal demonstraram que os humanos não são os únicos seres a agir de acordo com dois pilares da moralidade ocidental: justeza e equidade. No experimento, eles demonstram que "um primata não-humano, o macaco-prego marrom, responde negativamente à recompensa desigual em troca com um cientista humano."[323] A arquitetura do experimento foi elaborada para criar uma situação de inequidade entre dois animais do mesmo sexo.[324] Separados por uma jaula translúcida, o primeiro macaco-prego desempenhava uma função de devolver um pedaço de granito e ganhava, como recompensa, uma rodela de pepino. Entretanto, o segundo macaco-prego, ao desempenhar a mesma tarefa, ganhava uva. Sabe-se que macacos-prego gostam de pepino, mas preferem uvas. Cria-se, assim, uma situação de flagrante inequidade.

O macaco-prego que ganha o pepino rapidamente demonstra sinais de irritabilidade e revolta, chegando a jogar a fatia de pepino na cientista que conduzia a experiência, mais de uma vez, na medida em que recebia pepinos como recompensa. Para Brosnan e de Waal, isso indica que os macacos-prego são avessos à desigualdade e podem agir com base em critérios de justeza

---

323 BROSNAN, Sarah. DE WAAL, Frans. Monkeys reject unequal pay. *Nature*, v. 425, p. 297, 2013.

324 O grupo de teste totalizava 10 animais: 5 fêmeas e 5 machos.

e equidade, rejeitando um pagamento desigual para uma tarefa executada de forma igual. Ainda, as reações dos macacos indica que a origem da moralidade humana não é uma ruptura na escala evolutiva, mas um contínuo, podendo ser considerada uma característica evolutiva.[325]

Leituras tradicionais acerca do problema da agência moral, todavia, indicam que há uma diferença entre ser um paciente moral e um agente moral. Pacientes morais são seres para com os quais preocupações morais devem ser estendidas. São entidades que possuem interesses que são relevantes moralmente e que, portanto, devem entrar no cálculo de moralidade. Já agentes morais são criaturas que não somente importam no cálculo de moralidade, como também podem ser avaliados moralmente por suas ações.

Da amálgama entre pacientes morais e agentes morais emerge a figura do *sujeito moral*. De acordo com Mark Rowlands, filósofo dedicado a estudar o problema mente-corpo e a moralidade em animais, alguém pode ser considerado como um sujeito moral "se e somente se [esse alguém] é, ao menos de vez em quando, motivado a agir por considerações morais."[326]

É importante destacar que, muito embora pareçam conceitos sobrepostos, agir por motivos morais e ser avaliado moralmente por suas ações são ideias distintas. Nesse sentido, frequentemente agentes morais e sujeitos morais são sobrepostos, mas não são, necessariamente, coincidentes. Seres humanos pessoais são os

325 BROSNAN. DE WAAL. *Monkeys reject unequal..., op. cit.* p. 297.

326 ROWLANDS, Mark. "Animals that act for moral reasons". In: BEAUCHAMP, Tom. FREY, Raymond G (eds.). *The Oxford Handbook of Animal Ethics*. Oxford: Oxford University Press, 2013. p. 519.

dois ao mesmo tempo: agem e podem ser julgados moralmente por seus atos. O que filósofos como Rowlands defendem é que

> alguns animais são *sujeitos* morais [...]: eles podem ser, e de vez em quando são, motivados por considerações morais. Isso não significa que eles podem ser moralmente avaliados por aquilo que fazem. Ser um sujeito moral é uma condição necessária de se ser um agente moral, mas não é suficiente.[327]

Nesse sentido, subverte-se a lógica tradicional do Ocidente no que tange à moralidade na ação. A tradição kantiana, discutida por Korsgaard e mencionada na Parte II do presente trabalho, indica que a habilidade para refletir sobre o que se deve fazer e formar julgamentos a esse respeito concerne à essência da moralidade. Inexistindo esse autocontrole normativo, não é possível haver moralidade. Para a leitura de Kant empreendida por Korsgaard, "[s]e uma criatura é incapaz de refletir sobre aquilo que ela faz, e se perguntar se, sob determinadas circunstâncias, é algo moral a se fazer (...), então essa criatura não é moral."[328]

O que Rowlands afirma é justamente o contrário. Para ele, o autocontrole normativo não é uma condição necessária para se ser um sujeito moral. É implausível pressupor que a existência de um sujeito moral reflexivo é uma condição *necessária* da possibilidade de uma motivação moral.[329] Para que se possa afirmar isso, Rowlands lança mão de um experimento mental: supõe-se haver dois indivíduos, Marlow e Mishkin. Marlow é fenomenologicamente consciente, isto é, ele é capaz de possuir pensamentos

327 ROWLANDS. *Animals that act...*, *op. cit.* p. 521.

328 ROWLANDS. *Animals that act...*, *op. cit.* p. 523.

329 ROWLANDS. *Animals that act...*, *op. cit.* p. 527-528.

de ordem superior sobre suas motivações e justificá-los na base "ajo X por motivos Z". Já Mishkin age também por motivos Z, mas não submete sua ação a um escrutínio crítico moral. Assim, Mishkin age de forma que parece boa, suas motivações para a ação parecem boas, mas ele é incapaz de submetê-las ao escrutínio crítico moral.

De acordo com o argumento kantiano sobre a agência moral, Mishkin nunca poderia ser considerado como detentor de ações morais, ao passo que Marlow poderia – devido à presença do escrutínio moral crítico. Rowlands rebate tal argumento afirmando que a performatividade da ação também tem peso. Assim, se Mishkin desempenha uma ação que é boa, e ele é motivado por sensações ou emoções que dão origem a tal ação – não apenas automatismos reflexos –, Mishkin deve ser considerado moralmente ativo, mas não moralmente responsável, posto que ele efetivamente não efetua o movimento de autorreflexão escrutinada.[330]

Mishkin parece agir de uma forma motivada por noções morais, e essas noções morais são formadas por emoções moralmente construídas. Nesse sentido, ele observa que não existem razões imperativas para que se suponha que um ser que age como Mishkin não é um sujeito moral. "Supor o contrário é cair como vítima do *milagre do meta*.[331] É investir em propriedades quase-

330 ROWLANDS, Mark. *Can animals be moral?* Oxford: Oxford University Press, 2012. p. 124-125.

331 Rowlands dedica um capítulo de seu *Can animals be moral?* para explicar a ideia de que a neurociência não provê fontes ou dados para que se dê tamanho crédito à autorreflexão escrutinada, tão elencada como um critério de hiato moral entre humanos e animais pelas filosofias aristotélicas e kantianas. Em suma, Rowlands afirma que as habilidades metacognitivas de um sujeito podem indicar que ele é responsável por suas ações morais,

mágicas em metacognição."[332]

Por fim, conclui-se que animais são sujeitos – e pacientes – morais, ainda que seja forçoso afirmar que eles são agentes morais no sentido acima exposto e proposto por Rowlands. Assim, "animais podem agir moralmente, no sentido de que eles podem agir com base em suas emoções morais – emoções que possuem conteúdo moral identificável."[333]

Se animais são seres morais, novamente um dos critérios mais tidos como sólido para se desenhar uma linha moral estrita entre seres humanos e demais animais cai por terra. Isso porque, ou alguns animais também desempenham comportamentos morais ou, novamente, alguns seres humanos não conseguem desempenhá-los.

7.4 A senciência

A senciência é uma das características mais relevantes para quaisquer análises éticas ou jurídicas acerca do tratamento de seres vivos. O fato de um ser sentir dor é justificativa suficiente para

---

mas não que ele é ou deixa de ser um agente moral. Para a justificativa desse pensamento, ele utiliza a ideia de que a consideração situacionista da ideia de mente e das emergências de pensamentos cognitivamente superiores indica que o escrutínio moral varia de acordo com a situação, e que ele é frequentemente muito mais moldado pelo ambiente social do que pela autorreflexão racional de um ser individual. Para tanto, ele lança mão dos argumentos extraídos dos Experimentos de Stanford e de guardas na prisão de Abu Ghraib. Cf.: ROWLANDS. *Can animals be...*, *op. cit.* p. 169-190.

332 ROWLANDS. *Animals that act...*, *op. cit.* p. 542.

333 ROWLANDS. *Can animals be...*, *op. cit.* p. 15.

que se evite causá-la. A senciência, como critério basilar para o fornecimento de justificativas para o tratamento de seres vivos, é suficiente para que se diga que tortura ou tratamentos dolorosos devem ser evitados.

Todas as três proeminentes teorias éticas de justificativa de tratamento dos animais são calcadas no critério da senciência. Para o abolicionismo, animais são pessoas pois são seres sencientes. Para o utilitarismo, animais são sujeitos para os quais a igual consideração de interesses é devida, dado que eles possuem ao menos o interesse de não sentirem dor e sofrimento. E, para o viés kantiano, seres humanos possuem deveres para com animais, tendo em vista a comunhão que compartilham na qualidade de seres que têm interesse em gozar de uma vida sem aflições.

Entretanto, a despeito da indubitável importância da senciência como critério eticamente relevante, ela, por si só, a exemplo da autonomia, da autoconsciência, da agência moral, e de tantos outros exemplos elencáveis, não resiste a um escrutínio argumentativo como um critério sólido para se justificar o tratamento ético ou jurídico de animais.

Inicialmente, deve-se compreender o que se entende por senciência e quais são os parâmetros para que ela possa ser observada em seres tão distintos quanto os presentes no reino animal.

A senciência corresponde, como já mencionado, à capacidade para sentir prazer ou dor. Em princípio, é intuitivo dizer que ao menos os animais que possuem sistema nervoso central são sencientes. Entretanto, cientistas respeitados como a bióloga professora da Universidade de Oxford, Marian Dawkins, questionam se animais são conscientes. E, sem a consciência, a senciência perde muito do seu lugar como um critério ético de consolidação de *status* morais.

Para Dawkins, as evidências científicas sobre a consciência animal são extremamente antropomórficas e indiretas, não existindo provas concretas de que a consciência exista nos animais e também é desnecessário dizer que ela existe. Isso porque, para a bióloga, a melhor forma de se endereçar a questão sobre o bem-estar animal é apelar para os benefícios aos humanos que o bem-estar dos animais têm a oferecer.[334] Entretanto, a posição de Marian Dawkins é extremamente minoritária dentro da comunidade científica. Para grande parte dos estudiosos, a senciência é uma característica em comum que une humanos e grande parte dos animais – sem dúvidas os que possuem sistema nervoso central[335]. Então, por que a senciência, que parece unir humanos e animais, também falha como critério único da análise ética ou jurídica?

A primeira questão a ser posta é o caráter rudimentar dos estudos em dor. A senciência, como capacidade para sentir dor e prazer, está longe de ser considerada um consenso – mesmo entre seres humanos. Existem, entretanto, alguns elementos capazes de indicar se um determinado ser possui essa característica.

Sabe-se que, em seres humanos, os nocioceptores, neurônios especializados em perceber os estímulos que provocam dor, são conectados ao sistema nervoso central, e essa conexão resulta na percepção de dor. O mal funcionamento dos nocioceptores altera o equilíbrio do processamento de dor por um organismo

---

334 DAWKINS, Marian. *Why animals matter?* Oxford: Oxford University Press, 2012. p.111-112.

335 Dentre eles, Marc Bekoff, Peter Singer, James Rachels, Charles Darwin, Mark Rowlands, Elizabeth Harman, Christine Korsgaard, Neil Levy, Julian Savulescu, dentre inúmeros outros. Cf.: RACHELS. *Drawing lines. Op. cit.* p. 169-170.

que os possui nessa função. É por meio dos nocioceptores que seres humanos se integram na produção de "opióides endógenos, ou endorfinas, que fornecem ao cérebro a sua habilidade natural de eliminar a dor."[336]

Assim, um bom indicador para a averiguação da presença ou ausência da senciência seria a participação dos nocioceptores em um determinado animal. De acordo com James Rachels,

> [c]aso seja necessário averiguar se é razoável acreditar que um tipo específico de animal é capaz de sentir dor, deve-se, talvez, perguntar: existem nocioceptores nesse animal? Eles estão conectados com um sistema nervoso central? O que acontece naquele sistema nervoso com os sinais enviados pelos nocioceptores? E existe a produção de opióides endógenos? No atual estado da arte, esse tipo de informação, em conjunto com sinais comportamentais óbvios de aflição, é a melhor evidência que pode-se possuir de que um animal é capaz de sentir dor.[337]

Entretanto, ainda que seja possível, heuristicamente, saber se todos os animais sentem dor, ou se nenhum deles sente, a senciência não pode ser elencada como um único critério, como fazem as teorias abolicionistas e, muitas vezes, o utilitarismo hedonista, como justificativa de respostas normativas.

Isso porque sabe-se que ela é relevante no que tange ao tratamento bem-estarista de um animal. Mas, definitivamente, a senciência não gera, por si só e sem interações entre biologia e ambiente, noções como dignidade, autoconsciência ou mesmo moralidade.

---

336 RACHELS. *Drawing lines. Op. cit.* p. 172.

337 RACHELS. *Drawing lines. Op. cit.* p. 172.

Acreditar na senciência como um único critério eticamente relevante para se pensar em tratamentos jurídicos de animais, como é o caso, por exemplo, do abolicionismo animal, é um recorte errôneo. A diferenciação de vivências e de importância de seres existe com a senciência, mas se *descola* dela. Nesse sentido, é possível afirmar que o critério da senciência como único guia para a elaboração de estruturas éticas e jurídicas capazes de abarcar animais humanos e não humanos em um viés estruturante é também um critério arbitrário. Muito embora uma galinha, um primata e um ser humano sejam sencientes, e isso tenha indubitável valor ético, inferir que a senciência é o único critério para que seja aferido o *status* moral dessas criaturas é errado, pois elas possuem valores que vão para além da mera senciência. Um ser humano pessoal ou um primata, por exemplo, têm senso de *self* e conseguem se situar no tempo como entidades distintas no passado, no presente e no futuro, algo que as galinhas não conseguem.

Dessa forma, tratar em pé de igualdade esses dois seres porque eles são sencientes é equivocado. A dor, na medida em que possa ser comparável, deve, sim, ser tratada em pé de igualdade. Entretanto, as características que se descolam dela importam e variam, forçando a fronteira do tratamento ético e jurídico a, também, variar.

8 Afinal, existe um critério pontual capaz de fundamentar a base ética da relação entre humanos e animais?

Fundamentações éticas operam em lógicas principiológicas, que, por sua vez, fornecem bases para que problemas e conflitos possam ser pensados e solucionados. A busca pela caracterização do *status* moral é conectada à fundamentação ética e varia de acordo com a lógica principiológica adotada.

Buscou-se, ao longo deste trabalho, efetuar a desconstrução de vários recortes que se provaram cientificamente insuficientes para atuarem como princípios de regramento das relações entre humanos e animais.

Em uma retomada, a primeira noção a ser desacreditada é a de que os animais são autômatos ou mecanicistas, devendo ser sempre enquadrados como coisas e não merecendo quaisquer apreciações éticas ou jurídicas. Demonstrou-se que a teoria da evolução, biologia e antropologia são cabais em denotar as falhas dessa explicação para o correto endereçamento da relação entre humanos e animais. Em seguida, analisou-se os recortes mais proeminentes que buscam superar a ideia de que animais não são passivos de considerações éticas ou jurídicas: o abolicionismo, o utilitarismo e o viés kantiano. Cada uma, à sua maneira, visa a implementar uma lógica principiológica de delimitação de condutas.

Entretanto, ao analisar-se os fundamentos dessas teorias, percebe-se que elas ainda buscam respaldo em características pontuais e pouco interativas dos animais – dentre eles, em especial, os fundamentos do abolicionismo e do viés kantiano.

É de se notar que a busca por elencar critérios únicos e monolíticos para que animais sejam tratados de modo apropriado é um exercício de se buscar aplicar regras para um embate eminentemente principiológico. E a busca por uma (ou um conjunto de) regras têm-se demonstrado pouco pragmática.

Percebe-se que quaisquer que sejam os critérios elencados para que se justifique uma determinada forma de tratamento dos animais ou da dicotomização entre animais e humanos em categorias polarizadas e estanques, haverá (i) situações nas quais o critério elencado como regra de eticidade ou juridicidade será irrelevante e (ii) haverá criaturas humanas que não têm condições de desempenhar ou possuir o tal critério. Nesse caso, há de se buscar fundamentar tratamentos ou dicotomias nos critérios de espécie, posse de autonomia, autoconsciência, agência moral, senciência, dentre outros passíveis de escrutínio.

De acordo com as análises desenvolvidas, resta cristalino que a fronteira entre humanos e animais, caso exista, não é algo paralelo,

> mas que, na verdade, ela cruza as fronteiras entre humanidade e animalidade como estados do ser. Por isso mesmo, não se pode pretender que as abordagens do campo das humanidades sejam as únicas apropriadas à compreensão das questões referentes aos seres humanos, e que as vidas e os universos dos animais não-humanos sejam totalmente esgotados pelo paradigma da ciência natural.[338]

A questão que se posta, portanto, no correto endereçamento da questão concernente à eticidade e à juridicidade da relação entre humanos e animais é que, como observa o filósofo da biologia David Hull, o desejo de encontrar alguma característica pontual – como a racionalidade, posse de uma alma, autonomia, senciência etc – que seja exclusiva de todos os seres humanos e seja inexistente em animais é irresistível. A busca por características pontuais que justifiquem a diferenciação dos *status* morais é uma tônica do próprio pensamento ocidental. Contudo, "qualquer que seja o traço escolhido, ou algumas pessoas não o exibem ou então membros

338 INGOLD. *Humanity and animality. Op. cit.,*. p. 9.

de outras espécies o possuem."[339] Não é possível buscar um único critério, descolado da realidade na qual um animal se insere, e elencá-lo como a régua ética da configuração de um *status* moral. Inexiste, portanto, um *simplificador ético* para uma questão de cunho principiológico e dialógico. Ainda, para Rachels,

> *status* moral é sempre um *status* moral com relação a um modo particular de tratamento. Um ser senciente tem relevância moral no que tange a não ser torturado. Um ser autoconsciente tem relevância moral no sentido de não ser humilhado. Um ser autônomo tem *status* moral no que se refere a não ser coagido. E assim por diante.[340]

Diante desse impasse, o presente trabalho propõe uma releitura na análise da relação entre humanos e animais. Nesse sentido, propor-se-á que ela seja abordada a partir de duas noções principiológicas: a ideia de sistemas emergentes e funcionais.

9 Organismos e ambientes em uma ótica emergente: a localização dos saberes e o recorte funcional da relação entre humanos e animais

A imagem de uma abelha não é, via de regra, agradável aos humanos. "As picadas dolorosas e o zunido insistente no ouvido fazem com que, geralmente, as abelhas não sejam lembradas de maneira amistosa (...)."[341] Ainda, a imagem de um enxame de

---

339 HULL, David. "Historical entities and historical narratives". In: HOOKWAY, Christopher (ed.). *Minds, machines and* evolution. Cambridge: Cambridge University Press, 1984. p. 35.

340 RACHELS. *Drawing lines*. *Op. cit.* p. 173.

341 BEER, Raquel. Por que salvar as abelhas. *Veja on-line*. Disponível em: < http://veja.abril.com.br/ciencia/por-que-salvar-as-abelhas/>. Acesso em: 22 mai. 2016.

abelhas dentro de uma casa com crianças ou pessoas alérgicas é angustiante para muitas pessoas, que buscam, frequentemente, proteger suas casas da invasão desses insetos com o uso de repelentes ou telas protetoras. Contudo, sem a existência desse pequeno animal, a produção de alimentos tal qual hoje se concebe, estaria fadada ao desaparecimento.

Estima-se que mais de setenta por cento das folhas e vegetais que contribuem direta (via consumo final) ou indiretamente (via alimentação para animais de corte) para a alimentação humana seja dependente da polinização realizada por abelhas. Dados da Organização das Nações Unidas para a Agricultura e Alimentação indicam que setenta e três por cento das plantas utilizadas como alimento por seres humanos está vinculada à população de abelhas que realiza esse processo polinizador.[342] Ainda, é por meio da polinização que trinta e cinco por cento das lavouras e noventa e quatro por cento das plantas silvestres são produzidas. Assim, sem as abelhas, "metade das gôndolas de alimentos dos supermercados estaria vazia. Por meio da polinização, esses insetos promovem o seu maior impacto na biodiversidade e na produção de alimentos (...)."[343]

A partir da década de 1940, um fenômeno mundial, no que tange às abelhas, passou a preocupar produtores e cientistas: o *distúrbio de colapso de colônia* (DCC). Estima-se que, desde tal década, o número de abelhas têm diminuído de forma substancial na Terra. O país mais afetado pelo distúrbio são os Estados Unidos, que contam atualmente com uma redução de mais de

---

342 KLEBIS, Daniela. Sem abelhas, sem alimento. *Revista Pré-Univesp*, n. 58, jun. 2016.

343 BEER. *Por que salvar...*, *op. cit.*

cinquenta e dois por cento de seu coeficiente apícola. Essa redução drástica é potencialmente devastadora, do ponto de vista global. Caso as colônias de abelhas continuem a desaparecer nessa escala, em breve estar-se-á enfrentando uma incalculável crise de produção de alimentos em escala global, além do impulso a uma forte crise econômica, posto que "[e]stima-se que um mercado de 218 bilhões de dólares anuais depende do serviço de polinização prestado pelas abelhas (...). No Brasil, o prejuízo seria de 12 bilhões de dólares."[344]

Ainda é incerta a raiz (ou as raízes) do distúrbio de colapso de colônia. Investiga-se, entretanto, que a utilização de pesticidas seja a causa principal do enfraquecimento das colônias, e consequente redução de seus números. Entretanto, de acordo com setenta e cinco pesquisadores que assinam o estudo sobre o distúrbio, é impossível precisar um único fator que tenha contribuído isoladamente para tal colapso. Assim,

> há um consenso de que não existe apenas uma razão (ou duas), e sim um somatório que acabou por construir um cenário cruel para os insetos. As abelhas estão perdendo o seu hábitat quando florestas e jardins dão lugar a construções ou mesmo a plantações de uma única cultura – a espécie necessita de alimentação variada para sobreviver. As intensas mudanças climáticas pelas quais passa a Terra [...] também colaboraram para o desaparecimento dos insetos. As estações menos definidas, além das elevações de quedas bruscas na temperatura e na umidade, acabam por bagunçar o ciclo de florescimento das flores, das quais as abelhas são dependentes.[345]

---

344 BEER. *Por que salvar..., op. cit.*

345 BEER. *Por que salvar..., op. cit.*

Para enfrentar a desordem, foi criado, nos Estados Unidos – país mais afetado –, um comitê para que o documento intitulado "Estratégia Nacional para Promover a Saúde das Abelhas e Outros Polinizadores" seja efetivado. Objetiva-se reduzir a baixa de abelhas a uma taxa de no máximo quinze por cento no inverno, em um prazo de dez anos.

Paris é outra cidade que sofre com o decréscimo desses agentes polinizadores. Estima-se que a taxa de mortalidade tenha triplicado na capital francesa. Diante desse quatro, proibiu-se a venda de diversos pesticidas agressivos às abelhas e ampliou-se a apicultura. Além disso, planeja-se "o plantio de vinte mil árvores em jardins parisienses, além de trezentos mil novos metros quadrados de espaços verdes",[346] até o ano de 2020.

O impacto dessa redução no Brasil ainda é pouco estudado, uma vez que o país não conta com dados unificados do tamanho das colmeias e dos números de abelhas em território nacional. Há, de acordo com a bióloga Tereza Giannini, motivo para que o país entre em alerta, posto que descobriu-se, em pesquisas de campo, que plantações têm apresentado um déficit de polinização.[347]

O presente caso ilustra um problema patente na relação entre humanos e animais: a interseção entre esses seres, e, além disso, a interdependência deles. Em um contexto global e plural, como o vivido hodiernamente, denota-se, por meio de estudos, que fenômenos climáticos e ambientais são multifatoriais e interligados. Isso significa que problemas como efeito estufa, aquecimento global, déficit de produção de alimentos, incremento da saúde humana e melhoria no tratamento de animais não são

346 BEER. *Por que salvar...*, *op. cit.*

347 BEER. *Por que salvar...*, *op. cit.*

tópicos a serem analisados em isolado. Antes, necessitam de um recorte que entenda tanto a dinamicidade quanto o caráter multifacetado dessas interações entre organismos, ambiente, nichos, animais e humanos.

9.1 Os saberes localizados: uma forma plural de enfrentamento de problemas multifatoriais

As formas de se abordar o problema da relação entre humanos e animais têm retratado um antigo embate dentro da filosofia e da academia: a polarização dualista entre relativismo e universalismo.

Por um lado, estudos em cognição animal, primatologia e biologia demonstraram que animais não devem ser mais tratados como coisas. Por outro, esses mesmos estudos também demonstraram haver ora um hiato ainda instransponível entre determinados animais (como, por exemplo, entre a capacidade cognitiva de uma abelha e a de um ser humano pessoal), ora habilidades que colocam em xeque a ideia de singularidade ou especialidade humana.

Em busca de soluções para o problema da eticidade e juridicidade que deve permear a relação entre humanos e animais, dois recortes polarizam-se: a busca pelo bem-estar dos animais e a busca pela abolição do uso de animais. Nos dois recortes, via de regra, utiliza-se de um critério para abordar o problema: a senciência.

Nesse sentido, o recorte bem-estarista relativiza todas as capacidades tais como autoconsciência, moralidade e interação com o ambiente para afirmar que somente o bem-estar animal importa, e que o Direito deve se portar como mantenedor do prazer e diminuidor do sofrimento animal. Diversos animais podem ser utilizados para fins humanos irrestritamente, desde que eles sejam, quando possível, aliviados de dor e sofrimento. Relativizam-se, portanto, diversas qualidades já evidenciadas em animais (e discutidas no presente trabalho) para que somente a senciência seja tutelada. Assim, animais continuam a ser coisas, porém, com regramento específico.[348]

O recorte abolicionista, por sua vez, não é relativista, mas possui pretensões universais. Assim, a partir também do critério da senciência, indica-se que o substrato em comum entre humanos e animais a possuir peso ético e jurídico é a capacidade para dor e prazer. Esse critério, segundo os abolicionistas, é suficiente para que animais sejam ou *sujeitos-de-uma-vida* ou *pessoas*.

Contudo, ao questionar-se sobre a capacidade do viés tanto relativista quanto universalista de resolver, tanto do ponto de vista ético quanto do jurídico, situações complexas que envolvem animais e humanos, percebe-se que ambos recortes são insuficientes. Isso porque a senciência é *um* critério relevante, mas não o único. Tome-se como exemplo o caso do desaparecimento de colmeias de abelhas, como foi comentado anteriormente. O problema, cuja escala é global e os efeitos também, passa ao largo da senciência como definidora de tratamento. Antes, exige uma abordagem tanto multifatorial quanto situada: somente solucionando problemas locais é que se chega ao efeito global desejado: o de se manter tanto as abelhas quanto a produção de alimentos.

Ainda, esse mesmo animal, a abelha, dentro de uma casa habitada por crianças ou idosos, deve ser mantido à distância, tendo em vista a nocividade de sua picada. Nota-se que o ambiente em

348 É o que postulam os ordenamentos de raízes germânicas.

que um animal está inserido é *fundamental* para o correto endereçamento da forma ética ou jurídica por meio da qual ele será tratado. Isso porque recortes éticos são formas de se organizar o mundo das condutas. São aproximações de maneiras de se portar diante de problemas. No que tange ao cerne do trabalho, o problema principal é: o que é um animal e como deve ser endereçado o tratamento normativo destes. Demonstrou-se que a busca por estabelecimentos de critérios pontuais (senciência, autoconsciência, autonomia, moralidade etc) é insuficiente, uma vez que ora animais possuem essas características, ora humanos não as possuem, sendo limites éticos de fraca eficácia e pragmática.

A busca por linhas divisórias pontuais e com pretensões de universalidade é, assim, falha. Nesse sentido pensa Donna Haraway, ao afirmar que o conhecimento científico pontualmente analisado ou engessado é aterrorizante:

> as entidades científicas do final do século vinte [...] não são objetos românticos ou modernistas, com leis internas de coerência. Elas são traços momentâneos focalizados por campos de força, ou são vetores de informação numa semiose mal corporificada e altamente fugaz, ordenada por atos de reconhecimento e de mau reconhecimento. A natureza humana, codificada e seu genoma ou em outras práticas de escrita, é uma vasta biblioteca, digna do labirinto secreto imaginado por Umberto Eco em O nome da rosa (1980). A estabilização e o armazenamento desse texto da natureza humana prometem custar mais do que a sua escrita.[349]

349 HARAWAY, Donna. Saberes localizados: a questão da ciência para o feminismo e o privilégio da perspectiva parcial. *Cadernos Pagu*, v. 5, 1995. p. 12.

Uma possível solução para esse impasse no abordar-se uma questão é apontada por Haraway na ideia de *saberes localizados*.

A busca de Haraway é por um viés ou método de se abordar problemas que seja científico e objetivo, mas que, ao mesmo tempo, não seja estanque ou pontual. Ela, portanto, busca uma linha argumentativa para além tanto do relativismo quanto do universalismo, posto que ambos se demonstraram incapazes de abordar problemas éticos. Para que se evitem posições binárias, Haraway indica uma saída: analisar os problemas por meio da perspectiva da visão.

A ideia do *olhar* é central para que se possa pensar a relação entre humanos e animais. Inicialmente, nota-se que um olhar é sempre uma forma de organizar o mundo, não somente de vê-lo. Por meio desse enfoque, trocam-se percepções internas e externas de mundo, em busca de projeções semânticas.

A forma de se olhar um problema importa, pois é por meio dessa visão que se torna possível "vincular o objetivo aos nossos instrumentos teóricos e políticos de modo a nomear onde estamos e onde não estamos, nas dimensões do espaço mental e físico que mal sabemos nomear."[350]

Haraway observa que abordar uma questão de forma *científica* e *objetiva* não significa relativizar todas as proposições em face da importância do ambiente na construção de contextos e nem buscar universalidade em critérios pontuais. Antes, "a objetividade revela-se como algo que diz respeito à corporificação específica e particular."[351]

350 HARAWAY. *Saberes localizados: a..., op. cit.* p. 21.

351 HARAWAY. *Saberes localizados: a..., op. cit.* p. 21.

Para que se construa uma visão consistente a respeito do problema da relação entre humanos e animais, o primeiro passo necessário é situar o olhar de quem vê. Isso porque, por mais que se busque uma teoria a respeito do tratamento dos animais que seja isenta ou alheia à influência humana - como, por exemplo, pretende o abolicionismo ou o utilitarismo de influência preferencialista –, inexistem olhares sem observadores. Assim,

> [n]ão há nenhuma fotografia não mediada, ou câmera escura passiva, nas explicações científicas de corpos e máquinas: há apenas possibilidades visuais altamente específicas, cada uma com um modo maravilhosamente detalhado, ativo e parcial de organizar mundos. Todas essas fotografias do mundo não deveriam ser alegorias da mobilidade infinita e da permutabilidade, mas da elaborada especificidade e diferença e do amoroso cuidado que as pessoas tem de ter ao aprender como ver fielmente do ponto de vista do outro, mesmo quando o outro é a nossa própria máquina.[352]

Nesse sentido, ainda, buscar por um recorte (ou olhar) que vise à universalidade corresponde a se procurar um objeto perfeito e fetichizado, portanto, essencial.

Daí se extrai a importância de se possuir um olhar *situado*, ou, saberes localizados. A parcialidade não é um fim em si, mas um olhar que permite com que conexões entre diversas formas de se abordar um problema sejam propostas.

A busca por um recorte que supere tanto o relativismo quanto o universalismo e almeje à cientificidade e objetividade do argumento conduz à abordagem emergentista do problema da relação entre humanos e animais.

---

352 HARAWAY. *Saberes localizados: a...*, *op. cit.* p. 22.

9.2 Sistemas e Emergência: uma abordagem necessária para a compreensão da relação entre humanos e animais

Para que se possa compreender a abordagem proposta da relação entre humanos e animais, é necessário fazer um breve recuo à noção de sistemas e emergência, dado que ambas são dependentes.

A teoria dos sistemas se apresenta como uma saída à incapacidade encontrada em lidar com problemas complexos a partir de soluções pontuais. A análise sistêmica, por sua vez, pretende propor uma nova perspectiva a problemas abordados de modo pontual. Não é, portanto, "uma teoria par substituir outras teorias, mas uma estratégia para desenhar projetos de pesquisa cujo intuito é descobrir algumas características de sistemas de um tipo particular."[353]

A ideia de emergência, por seu turno, não é nova na filosofia. Entretanto, é possível sintetizá-la, no que tem de comum entre todos os teóricos que a abordaram, na ideia de que "entidades emergentes (propriedades ou substâncias) 'surgem' a partir de entidades mais fundamentais, e, ainda assim, podem ser consideradas 'novas' ou 'irreduzíveis', no que diz respeito a essas entidades fundamentais."[354] A partir de um determinado número de variáveis, um elemento novo e autônomo é formado a partir dessas

353 BUNGE, Mario. How does it work? The search for explanatory mechanisms. *Philosophy of the Social Sciences*, v. 31, n. 2, p. 182-210, 2004. p. 191.

354 O'CONNOR, Timothy; WONG, Hong Yu. "Emergent properties". In: ZALTA, Edward. *The Stanford Encyclopedia of Philosophy*.

Disponível em: <http://plato.stanford.edu/cgi-bin/encyclopedia/archinfo.cgi?entry=properties-emergent>. Acesso em: 22 jun. 2016.

combinações. Ainda, a emergência "relaciona-se com os fenômenos que surgem e dependem de alguns fenômenos mais básicos, ainda simultaneamente autônomos dessa base."[355] O conceito de emergência é frequentemente vinculado, em suas origens, ao pensamento de John Stuart Mill, que sustenta haver propriedades que seguem as leis de composição de causas, calcadas nas ideias de ação e reação. Entretanto, há propriedades que são heteropáticas, isto é, que não podem ser explicadas pelo recurso às ideias de causa e efeito. É o exemplo, para Mill, de composições químicas e do próprio fenômeno da vida.[356]

A primeira tônica da ideia de emergência é a *irredutibilidade* dos fenômenos. Assim, fenômenos podem ser considerados emergentes quando não são redutíveis ao somatório dos outros que lhe deram origem.

Outro ponto que perpassa a ideia de emergência é a *inexistência de predição* daquilo que emerge. Nesse sentido, além de um fenômeno emergente não poder ser reduzido à soma das partes, a propriedade emergente deve ser impossível de se prever com base em uma "completa teoria do fenômeno básico no sistema."[357]

Assim, propriedades emergentes são um processo

> de constituição de uma nova entidade com características próprias, por meio da combinação interativa de outras, diferentes entidades, que são necessárias para a criação

---

355 BEDAU, Mark; HUMPHREYS, Paul. *Emergence*: contemporary readings in philosophy and science. Cambridge: The MIT Press, 2006. p. 1.

356 MILL, John S. System of logic . Ed. col. vols. 7 e 8. Toronto: Toronto University Press, 1996. p. 371-374.

357 BEDAU, Mark; HUMPHREYS, Paul. *Emergence*: contemporary readings in philosophy and science. Cambridge: The MIT Press, 2006. p. 10.

> dessa nova entidade, mas que não contêm as características presentes na nova entidade [...]. O todo é mais do que a soma de suas partes.[358]

É possível elencar diversos exemplos de propriedades emergentes. Uma das formas que elas assumem são a dos elementos químicos, por exemplo. Da combinação de elementos que existem separadamente e com características próprias, surge uma nova propriedade, dependente e distinta, porém, dos membros que a compuseram. É o exemplo da água: da combinação entre hidrogênio e oxigênio, surge a água, que é inteiramente dependente da combinação correta entre duas moléculas de hidrogênio e uma de oxigênio, porém é completamente distinta desses dois elementos, possuindo sentido próprio.[359]

As propriedades emergentes, entretanto, não são restritas a elementos químicos ou a casos claros de se evidenciar os componentes do surgimento de uma nova entidade. Nesse sentido, ela não é evidenciada somente em níveis altamente controlados e simples, podendo ser visualizada em estruturas sociais e instituições.

Desse modo, o físico e filósofo Mario Bunge desenvolve sua teoria dos sistemas emergentes, a partir da premissa de que "propriedades emergentes são propriedades que caracterizam o sistema como um todo e as quais os componentes do sistema não possuem."[360] Isso porque, para Bunge, um problema nunca possui

---

358 SMITH, Christian. *What is a person?* Chicago: The University of Chicago Press, 2010. p. 25-26.

359 SMITH. *What is a...*, *op. cit.* p. 27.

360 BUNGE, Mario. Emergence and the mind. *Neuroscience*, v. 2, Londres, 1977. p. 501.

uma causa pontual. Antes, vêm em pacotes ou em sistemas.[361] É por isso que problemas sociais complexos não são resolvidos de forma a se tutelar uma única característica ou punir unilateralmente agentes. Para Bunge, esse é o quadro dos problemas sociais oriundos do uso e tráfico de entorpecentes. Inexiste solução pontual condizente com a solução do problema.

Assim, é virtualmente impossível solucionar o problema gerado pelo impacto do consumo de entorpecentes por meio da punição tanto de traficantes quanto de usuários. É necessário que se enfrente um problema complexo a partir da ideia sistêmica, pois, tão importante quanto os agentes desse quadro, são "as raízes econômicas e culturais do abuso de entorpecentes, tais como a pobreza, o mercado competitivo de entorpecentes, a falta de lei e a ignorância."[362]

Bunge define um sistema como um objeto complexo, no qual seus componentes se entrelaçam. Eles, via de regra, possuem características emergentes, isto é, que se destacam dos seus componentes. Tendo isso em mente, não se pode enfrentar um problema de forma pontual ou fragmentada, caso ele seja sistêmico.[363]

Para que possam ser compreendidos, sistemas emergentes devem ser decompostos em quatro subestruturas:

(i) composição (coleção de todas as partes);

(ii) ambiente (itens que agem ou são afetados por componentes);

---

361 BUNGE, Mario. *Emergence and convergence* . Toronto: The University of Toronto Press, 2003. p. 92.

362 BUNGE. *Emergence and convergence. Op. cit.* p. 92.

363 BUNGE. *Emergence and convergence. Op. cit.* p. 114.

(iii) estrutura (coleção das relações entre as partes ou itens ambientais);

(iv) mecanismo (coleção de processos responsáveis pelo comportamento do sistema).[364]

Desses elementos, o mais central é o mecanismo. Isso porque, em função da complexidade dos sistemas, os mecanismos podem ser muitos e multifacetados. Ainda, o mecanismo engendra o comportamento dos sistemas. Para Bunge, é por meio do mecanismo que se dá o *modus operandi* do sistema.[365]

Um exemplo de sistema emergente é a ideia de ecossistema.

Em sua composição, encontram-se vírus, bactérias, plantas, animais (humanos e não humanos), entre outros organismos. Seu ambiente corresponde à água, terra, presença de luz solar e ar. A estrutura por meio da qual o sistema é organizado se encontra nas várias relações existentes entre os organismos, tais como o parasitismo, mutualismo, comensalismo, entre outras. Por fim, o mecanismo se vincula à ecologia.[366]

Tendo isso em mente, passar-se-á para uma próxima análise: a de que animais são seres emergentes e, ao mesmo tempo, integrantes de sistemas emergentes.

---

364 BUNGE. *Emergence and convergence. Op. cit.* p. 34-37.

365 BUNGE. *Emergence and convergence. Op. cit.* p. 20.

366 STANCIOLI, Brunello; FODDY, Bennett. *From the necessity of being human to the possibility of being whatever you want*: human enhancement as basic right. Slide 8.

9.3 Animais como emergência sistêmica: uma via de mão-dupla

A ideia de que o recorte sistêmico-emergente pode ser aplicado à análise da relação entre humanos e animais se descola das demais teorias éticas ou recortes já analisados. Isso porque a ideia de sistemas emergentes não está conectada à busca por um ou uma lista de caracteres a serem preenchidos para que uma determinada entidade, como um animal, possa ser analisada do ponto de vista ético ou jurídico.

O caso supracitado do desaparecimento das abelhas é emblemático para que a questão seja propriamente endereçada. Percebe-se que a *Apis mellifera* – a abelha – atua no sistema de duas formas muito distintas. Na primeira delas, a abelha atua como um agente de desequilíbrio de um nicho – o doméstico, especialmente quando se tem um membro idoso, infante ou alérgico residindo no local. Na segunda, a abelha é de fundamental importância para a manutenção da ordem alimentar e de um meio ambiente equilibrado. Nesse sentido, as abelhas são importantes para a própria vida e mecanismo do sistema, para muito além da sua composição. Percebe-se que animais são, também, *agentes* do sistema.

É possível inferir, nesse recorte, que os animais são tanto emergentes sistemicamente quanto membros de outras emergências. Novamente, dizer que uma propriedade é emergente é afirmar que ela é uma propriedade global de um sistema determinado, e nenhum dos componentes ou precursores possui essa propriedade. Assim, um animal é uma propriedade emergente que surge da combinação de uma composição, um ambiente, uma estrutura e um mecanismo:

(i) composição: plataforma corpórea (engajamento de estruturas nervosas, órgãos, cérebro);

(ii) ambiente: ambiente informacional, condições materiais para sobrevivência do animal;

(iii) estrutura: agrupamentos de animais em bandos ou coletivos, muitos deles contando com lógicas próprias de hierarquia e práticas de socialização (inter ou entre espécies);

(iv) mecanismo: informações são aprendidas e apreendidas pelo corpo do agente, formando uma interação em mão-dupla com o ambiente: o animal modifica e é modificado pelas estruturas ambientais.[367]

Nesse sentido, a vida orgânica é ativa, e não reativa. Para Ingold, ainda, ela é

> o desenrolar criativo de um campo inteiro de relações dentro das quais seres emergem e tomam as formas particulares que tomam, cada um em relação com o outro [...]. Cada ser, que está enredado nesse processo e o leva à diante, surge como um centro singular de consciência e agência [...].[368]

Os recortes bem-estaristas ou abolicionistas se adequam ao que Ingold chama de "ecologia convencional". Nela, animais são entendidos na lógica de estarem inseridos, passivamente, em um ambiente. Para o antropólogo, na ecologia convencional entende-se que existe um organismo *adicionado* a um ambiente, e essa

---

367 Cf.: STANCIOLI. FODDY. Slide 15.

368 INGOLD. *The perception of...*, *op. cit.* p. 19.

"adição significa uma adição simples de uma coisa à outra, ambas conservando suas próprias integridades, de uma forma bastante independente de suas relações mútuas."[369] Nesse sentido, animais e ambientes seriam entidades mutuamente excludentes e exclusivas.

É possível ver a inadequação dessa visão da ecologia convencional quando casos concretos são analisados. Para tanto, analisar-se-á o caso denominado "poço do desespero".

O psicólogo Harry Harlow estudou, nas décadas de 1950 e de 1960, os efeitos da privação de contato com pares e depressão em macacos. Para avaliar o impacto desses aspectos na vida de animais, Harlow isolou filhotes das suas mães por meses, e mesmo anos, em pequenas gaiolas de metal, denominadas pelo próprio pesquisador de poços do desespero.

Após alguns dias de confinamento, os filhotes passaram a desempenhar comportamentos antissociais e agressivos. Grande parte dos filhotes mais velhos que foram isolados (de três até doze meses de idade) passavam a maior parte do tempo friccionando os corpos no chão e fazendo movimentos de vai e vem com as cabeças, demonstrando irritabilidade e depressão. Esses macacos, de acordo com Harlow, foram submetidos à "privação total de contato com a mãe e, ainda mais importante, não tiveram oportunidade de consolidar vínculos afetivos com os seus pares."[370] Os efeitos foram devastadores para os filhotes em isolamento social. Ainda que nenhum macaco tenha morrido, quando removidos do isolamento,

> eles frequentemente entravam em um estado de choque emocional, caracterizado por agarrarem seus corpos com

---

369 INGOLD. *The perception of...*, *op. cit.* p. 19.

370 HARLOW, Harry. DODSWORTH, Robert. HARLOW, Margareth. Total social isolation in monkeys. *Psychology*, v. 54, p. 90-97, 1965. p. 90.

> os braços de forma autista [...]. Um de seis macacos isolados por três meses recusou a alimentar-se após a soltura, e morreu cinco dias depois. A autópsia considerou que o macaco morreu de anorexia emocional.[371]

Para os pesquisadores envolvidos no experimento, é possível observar que os efeitos do isolamento total são reversíveis, caso os macacos sejam reintegrados ao ambiente social em até três meses. Já o isolamento após esse período causa prejuízos severos ao potencial para socialização dos macacos. Após esse período, os macacos demonstram dificuldades profundas de sociabilidade, frequentemente portam perante os pares de forma isolacionista, medrosa ou agressiva.[372]

Ainda, os filhotes que foram soltos posteriormente aos experimentos e integrados a um bando ainda assim desempenhavam comportamentos completamente diferentes dos outros. "Mesmo nove meses após a soltura os primatas assentavam-se agarrando dos seus corpos com seus braços, ao invés de se locomoverem e explorarem o ambiente ao redor."[373]

Harlow e sua equipe também realizaram experimentos de isolamento na maternidade. Para tanto, um grupo de macacas foi isolado dos demais. Elas foram inseminadas artificialmente.[374]

---

371 HARLOW. *Total social isolation...*, *op. cit.* p. 92.

372 HARLOW. *Total social isolation...*, *op. cit.* p. 92-94.

373 SINGER. *Animal liberation*: the..., *op. cit.* p. 43.

374 Na década de 1960, as técnicas de inseminação artificial não eram tão desenvolvidas quanto hoje. Para que pudessem ser inseminadas, Harlow e sua equipe utilizavam suas próprias mãos e um aparato denominados por eles de "raque do estupro". Cf.: MACKINNON, Catherine. "Of mice and men". In: SUNSTEIN, Cass. NUSSBAUM, Martha (eds.). *Animal rights*:

Logo após o parto, as mães isoladas tendiam a bater e matar os filhotes – comportamento este totalmente diferente das mães que têm seus filhotes em um ambiente social:

> [e]les descobriram que algumas fêmeas simplesmente ignoravam seus filhotes, não conseguindo dar colo ou alimentá-los com leite tal qual as macacas normais fazem quando os bebês choram [...]. Outras macacas eram brutais ou letais. Um de seus passatempos favoritos era amassar o crânio dos filhotes com os seus dentes. Mas o comportamento mais doentio observado era o de amassar a cara do filhote no chão, e então esfregá-la para frente e para trás.[375]

Os dados obtidos a partir desse estudo demonstram claramente a influência central que o ambiente, a estrutura e os mecanismos exercem na composição corpórea de seres vivos. Animais que, sob um determinado sistema, são mediados por relações de sociabilidade e troca de experiências, têm convívio equilibrado com seus pares e possuem meios para que se desenvolvam são completamente diferentes, ainda que possuam a mesma carga genética ou sejam da mesma espécie, de animais privados desses elementos de um sistema.

Pode-se dizer, inclusive, de acordo com Ingold, que um macaco criado em completo isolamento e um macaco criado em um ambiente rico em informações *não são* o mesmo animal. Nesse sentido, uma abordagem propriamente endereçada deve ter como seu ponto de partida "o organismo-inteiro-em-seu-ambiente. Em outras palavras, 'organismo mais ambiente' deve

---

current debates and new directions. Oxford: Oxford University Press, 2005. p. 273.

375 HARLOW *in* SINGER. *Animal liberation*: the..., *op. cit.* p. 33-34.

denotar não um composto de duas coisas, mas uma totalidade indivisível. Essa totalidade, na prática, é um sistema."[376] Nesse sentido, a interação entre o organismo-animal e o ambiente-informacional cria um sistema cujo acoplamento se dá não como uma soma sobreposta, mas como uma via de mão-dupla. Com isso, a caracterização de um animal não depende tão-somente de seu enquadramento interno (isto é, se ele é de uma determinada espécie, se ele é senciente, autoconsciente, racional, autônomo, agente moral etc), mas, antes, também da forma por meio da qual ele funciona ou do papel que ele desempenha em um sistema do qual seja parte.

A ideia de que a caracterização de um estado ou entidade depende, para além de somente da sua constituição interna, da maneira com a qual esse elemento desempenha uma função é a chave do raciocínio funcionalista.[377]

A relação entre animais e ambiente têm sido tratada como um dualismo. Entende-se que o ambiente é preexistente aos animais e que organismos com capacidade e habilidade para sobreviverem nesse cenário serão bem-sucedidos. Esse modelo é limitado, à luz da teoria da evolução. Isso porque animais não são seres passivos integrados a um ambiente. Antes, eles "tanto selecionam quanto alteram o ambiente (...)."[378]

---

376 INGOLD. *The perception of...*, *op. cit.* p. 19.

377 Ainda que a ideia de funcionalismo seja bastante difundida em ramos como a psicologia, sociologia e arquitetura, adotar-se-á a ideia da filosofia da mente.

378 GOODWIN, Brian. Organisms and minds: the dialectics of the human -animal interface in biology. In: INGOLD, Tim (ed.). *What is an animal?* Londres: Routledge, 1994. p. 104.

O argumento desenvolvido tem o corolário de que a vida é tanto processo quanto transformação. Os modelos tanto bem-estarista quanto abolicionista são limitados em face dessa visão da emergência de animais sob a lógica da teoria dos sistemas, uma vez que elas

> buscam explicar a estabilidade (de espécies, ou estados de adaptação) em termos estáticos e estáveis (genoma ou nicho ambiental), ao invés de em termos dinâmicos (ciclo do organismo-ambiente). O mesmo se aplica às tentativas de se explicar a estabilidade do comportamento (instinto ou hábito) ou da atividade cognitiva (reconhecimento ou memória) em termos de 'representações' estáveis ou 'modelos internos'.

Esses modelos explanatórios parecem ainda reiterar a lógica cartesiana de se dividir o mundo em duas substâncias – uma material, sob a qual forças externas agem, e outra imaterial – que age sobre todas as coisas. Como consequência, aponta Goodwin, todas as ações envolvidas nas trocas e influências entre animais, organismos e ambiente são tidas como "mecanismos *mortos*, já que eles não possuem vida por si só. Essa era precisamente a visão de Descartes."[379]

A mudança de foco de teorias estáticas para a ideia de que animais devem ser analisados como processos que emergem a partir de sistemas que, por sua vez, também são mutáveis e ativos, possui consequências.

De início, torna-se impossível fundamentar o tratamento ético ou jurídico de animais a partir de capacidades ou características isoladas, pois, como já visto, elas podem ser determinantes em alguns casos, mas não em outros. Assim, "[n]ão existe

---

379 GOODWIN. *Organisms and minds...*, *op. cit.* p. 106.

espectro de análise sem que haja uma fundamentação, e o único critério que permanece estável é o da estabilidade dinâmica",[380] que consiste na lógica dos sistemas emergentes.

Desse modo, parece clara a resposta à pergunta inicial do presente trabalho. Ao se questionar sobre o que significa ser um animal, e qual o enfoque correto a ser endereçado juridicamente quando se pensa em direitos para animais, deve-se ter em mente, de pronto, que animais não são máquinas cartesianas. Ainda que a cultura ocidental tenha tentado conferir peso a essa afirmação, ela não se sustenta face às rupturas científicas elaboradas pela biologia e antropologia.

Animais são, noutro sentido, seres emergentes. A partir da interação complexa entre organismos, ambientes e tecnologias (humanas e não humanas), pode-se afirmar que animais são "organizados em termos de uma ordem relacional que resulta num padrão periódico de transformação (um ciclo-da-vida), envolvendo componentes históricos e reais (genes e ambiente), e universos biológicos (...)."[381]

Nesse sentido, pode-se dizer que animais não são criaturas estáticas definidas por uma única característica e desvinculados tanto do ambiente quanto dos próprios seres humanos. Antes, assim como *todo* ser vivo, animas são tanto causa quanto efeito de si mesmos, sendo uma atividade, um processo. Para Goodwin, ainda, "a barreira dualista cartesiana que separava um criador do autômato agora se dissolveu, dando espaço para a ideia de que existe-se como uma unidade em movimento, um rio criativo da vida."[382]

380 GOODWIN. *Organisms and minds..., op. cit.* p. 106.

381 GOODWIN. *Organisms and minds..., op. cit.* p. 107.

382 GOODWIN. *Organisms and minds..., op. cit.* p. 108.

10 Por uma resposta à pergunta: o que é um animal? A ecologia da vida e a reinvenção da relação entre humanos e animais

As análises desenvolvidas na parte derradeira desse trabalho apontam para o fato de que o que subjaz a noção de "animal" não é o fato de que "animais são coisas", ou que "animais são seres sencientes", ou, ainda, que "animais são sujeitos de direito pessoais".

Nessa ótica proposta, a arquitetura da resposta à pergunta "o que é um animal?" não se encaixa na ideia de se pugnar por uma resposta unicriteriosa e pré-especificada. Caso fosse assim, assignar direitos aos animais seria tão simples quanto aplicar um modelo rudimentar de lógica inferencial, e os direitos dos animais seriam "puramente consequências, um efeito de injetar-se uma forma a priori em uma substância."[383]

O que se percebe, contudo, é justamente o contrário. A vida orgânica, em especial os animais, é ativa, ao invés de reativa. Animais, sob esse escopo, não são a realização de formas pré-especificadas, mas sim o próprio processo por meio do qual as formas são geradas e mantidas.[384] Animais não têm comportamentos estáticos dados por um genoma por meio da dádiva biológica. De fato, nenhum componente isolado é capaz de definir o que animais, efetivamente, são. Para Ingold, ainda,

> nenhum componente – tal como o DNA – pode ser privilegiado no que se refere à fôrma dos animais [...], já que a fôrma em si é uma propriedade emergente do sistema como um todo, que consiste nas relações entre eles. Mudanças em quaisquer componentes do sistemas, seja no

---

383 INGOLD. *The perception of...*, *op. cit.* p. 19.

384 INGOLD. *The perception of...*, *op. cit.* p. 19.

> genoma ou em algum aspecto intra-organismo ou extra-organismo, desde que alterem os parâmetros de desenvolvimento, poderão trazer à tona mudanças significativas na forma.[385]

Tendo isso em mente, deve-se declarar obsoleta a discussão sobre se animais são seres naturais ou culturais. De acordo com a perspectiva interacionista, proposta acima, animais são produtos de interações diretas e indiretas com fatores genéticos e ambientais, em um contínuo incessante de mudanças acopladas em via de mão-dupla (ou em quantas vias comportarem o sistema emergente).

Dizer que animais são seres emergentes inseridos em uma lógica sistêmica, e que as funções que emergem dessa lógica é que são passíveis de tutela jurídica não corresponde a negar que as características pontuais dos animais, tais como a genética, a senciência, dentre outras, importam. Nega-se, entretanto, que elas "contêm a especificação da forma essencial do organismo, ou de suas capacidades para ação (...)."[386]

O que se pode extrair do caráter da relação entre humanos e animais é que a história humana não é uma singularidade ou especialidade no contínuo evolutivo. Antes, ela é *parte* de um processo que está em constante evolução no mundo. Ainda, para Ingold, "[a] distinção entre humanos e não humanos não mais delimita os limites de dentro-e-fora do mundo social (...), mas mapeia um domínio dentro do qual as fronteiras são tanto permeáveis quanto facilmente superáveis."[387]

---

385 INGOLD. *The perception of...*, *op. cit.* p. 383.

386 INGOLD. *The perception of...*, *op. cit.* p. 385.

387 INGOLD. *The perception of...*, *op. cit.* p. 76.

Tendo em vista a dificuldade que o Ocidente tem enfrentado de se endereçar propriamente a juridicidade da tutela dos direitos dos animais sob o escopo dualista, parece apropriado que o foco seja pós-dualista.

Em face de diversas crises ecológicas de escassez de alimentos, fenômenos climáticos devastadores e uma crescente exploração de animais, é possível dizer que a raiz de todos esses problemas encontra-se no fato de que o desmembramento dualista entre humanos e animais contribui para que a responsabilidade humana por suas próprias condutas seja desvinculada da inserção de seres humanos no meio ambiente.

Considerações finais

Diante das fragilidades dos recortes criticados ao longo do trabalho em lidar apropriadamente com a eticidade e juridicidade da relação entre humanos e animais, é necessário que o problema seja analisado sob outro viés. Além disso, a busca por elementos pontuais que justifiquem o *status* tanto ético quanto jurídico de animais como um bloco uníssono monolítico e estanque se tornou insustentável em face das descobertas científicas elencadas ao longo dos capítulos acima.

Uma vez que animais são seres cujos sentidos – no plural – só podem ser analisados dentro de uma lógica sistêmico-emergente, é inócua a busca por caracteres ou critérios únicos que sirvam como uma régua analítica aplicável a uma categoria – a dos animais – diversificada e muitíssimo ampla.

É incoerente que todos os animais sejam considerados coisas. Muito embora essa tenha sido a tônica ocidental para o tratamento jurídico dos animais, o final do século XX e o início do século XXI mostraram que diversos ordenamentos jurídicos têm empreendido mudanças para que animais se descolem da reificação exacerbada. Ainda, evidências angariadas pela biologia, antropologia e filosofia deixam incontestável o fato de que os animais, em sua maioria, aos menos os sencientes, não sejam mera coisa. Muito embora a senciência seja um critério insuficiente para que se positive um *status* moral – ou jurídico – de pessoa, ela indica que animais não devem ser analisados como coisas que prescindem de regramento legal específico.

Ainda, também se demonstra incoerente o desejo de se enquadrar todos os animais como pessoas. Pessoa, sabe-se, é uma propriedade também emergente e extremamente complexa, fortemente vinculada à noção de autonomia. Como "potencial criativo ilimitado", a pessoa é uma construção que se dá em torno de valores. Assim, afirma Stancioli que "[*s*]*er pessoa* significa ser um *fluxo de valores em eterna mudança*, havendo, inclusive, transvalorações (...)."[388]

Ainda, há motivos para que se tutele juridicamente uma vida pessoal de forma diferente de uma vida meramente senciente. Isso porque "[e]xistem muitos seres que são sencientes e capazes de sentir prazer e dor, mas que, não sendo também racionais e autoconscientes, não são pessoas."[389]

Esses motivos são justificados pelo fato de que os efeitos do exercício da pessoalidade são complexos e enredados. Por exemplo, a morte de uma pessoa é um peso profundo em seus semelhantes, ao passo que a morte de uma galinha – um ser senciente não pessoal – tem pouco peso sobre a sua comunidade. Ainda, pessoas possuem valores, desejos e planos, sendo capazes de se conceberem como entidades cujo passado, presente e futuro importam. Sendo assim, devem ser resguardados seus direitos à vida e à autonomia. Nesse sentido, na mesma medida em que nem todo ser humano é um ser pessoal, do ponto de vista filosófico – em especial os seres humanos anencefálicos e em esta-

---

388 STANCIOLI. *Renúncia ao exercício...*, *op. cit.* p. 125.

389 SINGER. Ética prática. *Op. cit.* p. 111.

do vegetativo permanente – a maioria dos animais também não o é. Abre-se a discussão, hodiernamente, para que se amplie o rol da pessoalidade para animais como primatas ou golfinhos, tendo em vista a riquíssima capacidade relacional e cognitiva desses seres. Todavia, primatas e golfinhos representam um número ínfimo na grande comunidade dos animais, e considerar que todos eles são pessoas com base na senciência é um exercício heurístico forçado.

A remodelagem do *status* jurídico dos animais passa, antes, pela percepção de que animais são múltiplos e multifacetadas são suas formas de agência no mundo. Como já discutido, um mesmo animal pode atuar no mundo e em sua comunidade de maneiras altamente diversificadas. Como, então, seria possível afirmar que *todos* os animais ou são coisas ou são pessoas?

A chave para que se comece a responder a esse questionamento parece estar na compreensão de que os critérios até hoje tradicionalmente elencados não são, do ponto de vista pragmático, suficientes para lidar com a miríade de vicissitudes englobadas sob o guarda-chuvas da animalidade. Dessa forma, pensar *para além das espécies* é compreender que inexistem rupturas abruptas na escala evolutiva que justifiquem a aplicação de uma lógica dualista para a relação entre humanos e animais.

É, também, considerar que características pontuais não fornecem chaves de resposta para a complexidade de problemas éticos e jurídicos que emergem da relação entre humanos e animais. Em um mundo capitalista e globalizado, os problemas que geram e são gerados por essa relação se intensificam. É insuficiente lançar mão de noções como a reificação absoluta ou a personificação irrestrita para que eles possam ser solucionados. Antes, essas chaves analíticas geram mais problemas à relação.

Assim, a solução adequada parece ser a de se analisar animais sob o escopo sistêmico-emergentista. Desse modo, a tutela dos direitos devidos aos animais ganha contornos pragmáticos e realizáveis, enquadrando-se tanto em favor do repúdio à reificação de seres para com os quais se tem empatia e merecem ter interesses protegidos (animais sencientes) quanto contrário à incongruência – filosófica e jurídica – de se considerar que *todos* os animais são sujeitos de direito pessoais.

Dizer que animais devem ser analisados como seres emergentes é reconhecer que não há um hiato substancial entre humanos, animais e ambiente, mas que o *papel funcional* que esses seres desempenham para si mesmos, para os outros e para o ambiente circundante e global importa.

Sob essa perspectiva, animalidade e humanidade não são um *tudo ou nada*, mas, antes, um espectro gradual de formas de vida que estão conectadas pelo compartilhamento de um mundo informacional material. E, como informação e como matéria, ativo e mutável.

Posfácio

No dia 29 de setembro de 2020, entrou em vigor a Lei nº 14.064, que alterou a Lei de Crimes Ambientais (Lei nº 9.605/1998), a qual dispõe sobre sanções penais e administrativas derivadas de condutas lesivas ao meio ambiente. Após a sanção presidencial do Projeto de Lei nº 1.095/2019, tornou-se Lei Ordinária o aumento de penas cominadas para quem pratica maus-tratos aos animais, desde que estes sejam cães ou gatos.

Em decorrência das alterações instituídas pela Lei nº 14.064, o artigo 32 da Lei de Crimes Ambientais passa a contar com a seguinte redação: "Art. 32 – § 1º-A Quando se tratar de cão ou gato, a pena para as condutas descritas no *caput* deste artigo será de reclusão, de 2 (dois) a 5 (cinco) anos, multa e proibição da guarda".

É de destaque a alteração presidencial da ementa do Projeto de Lei. Em sua proposição original, pleiteava-se o aumento da pena de reclusão a quem praticasse ato de abuso ou maus-tratos contra animais silvestres, domésticos ou domesticados, nativos ou exóticos. Entretanto, a promulgação se deu visando somente às duas espécies domésticas.

Em seção solene, o presidente da República salientou que a alegada morosidade da aprovação da Lei ocorreu em função do debate gerado pelo aumento da pena para maus- tratos contra cães e gatos ter superado a pena prevista para crimes contra a vida humana. No entanto, o presidente Jair Bolsonaro declarou que um dos objetivos de seu mandato está no pleito pela majoração da pena para quem comete crimes contra a vida humana[390].

A questão dos maus-tratos a animais domésticos tem ganhado cada vez mais visibilidade da mídia de massa e da opinião pública. Dados estimados pela Delegacia Eletrônica de Proteção Animal de São Paulo (DEPA-SP) durante o período da pandemia do SARS-CoV-2, que iniciou-se no Brasil em março de 2020, indicam que as denúncias de tratamentos abusivos aos animais domésticos aumentou em 81,5%, se comparado com o mesmo período do ano anterior. Uma das possíveis causas pode estar no isolamento social, prática que fora parcialmente adotada pela população brasileira.

Ainda, segundo a recente estimativa do Instituto Brasileiro de Geografia e Estatística (IBGE), o Brasil conta com 28,8 milhões de cães domésticos e com 11,5 milhões de gatos em residências brasileiras. Esse aumento é preocupante, e coloca em risco a vida e o bem-estar de inúmeros animais que deveriam contar com uma tutoria consciente e ética.

Contudo, a promulgação da lei em questão não nos parece sequer tangenciar alguma melhoria nas condições de tratamento ético de animais.

É de se destacar o fato de que a busca pela solução de problemas por meio do recrudescimento punitivo não é uma novidade na justiça e na política brasileira. No último Levantamento Nacional de Informações Penitenciárias – INFOPEN, estimou-se

---

390 BRASIL. Presidente (2018-2022: Jair Messias Bolsonaro). **Discurso por ocasião de sanção de Lei**. Brasília, 29 set. 2020.

que 755.274 pessoas encontram-se privadas de liberdade no país. Esses números, essas vidas, são responsáveis por colocar o Brasil na posição de 3º pais com o maior número absoluto de pessoas encarceradas, atrás de China e Estados Unidos.

Com a realidade do encarceramento em massa[391] e da seletividade punitiva da justiça brasileira, vemos com preocupação a aprovação de uma lei que fortalece um sistema excludente, enviesado, historicamente derivado da escravidão, como a lógica punitivista. Vivemos em uma sociedade cada vez mais insegura, ainda que tenhamos a terceira maior taxa de encarceramento, o que aponta para a ineficácia da lógica punitivista para o tratamento de querelas sociais e conflitos.

Ainda, a lei é passível de críticas sob outra perspectiva: a do especismo. Ao longo do livro, argumentamos que o critério de espécie deve ser desconsiderado para análises ético-jurídicas sobre o tratamento de animais. Ainda, propusemos uma solução sistêmica- funcionalista do problema do status jurídico de animais, que englobe humanos, não- humanos e meio ambiente em uma ecologia da vida. A tutela jurídica do tratamento ético de animais não deve estar adstrita somente a espécies de companhia, como cães e gatos. Em um momento em que incêndios consomem, desenfreadamente, mais de 15% do Pantanal, e que chegam a atingir 35% da fauna e 20% de mamíferos do bioma[392], parece-nos

---

391 *Cf.*: ALEXANDER, Michelle. **A nova segregação: racismo e encarceramento em massa.** Trad. Pedro Davoglio. São Paulo: Boitempo, 2017.

392 Conforma levantamento inicial do ICMBio, da UFMT, UFMS, INPP e ONGs. Estudo disponível em: https:// g1.globo.com/natureza/noticia/2020/09/18/forca-tarefa-investiga-numero-de-animais-mortos-no-pantanal.ghtml. Acesso em 04 out. 2020.

satírico que se promulgue uma lei de cunho especista e que fora alardeada como um avanço na proteção animal.

É equivocado, portanto, sustentar a majoração da pena de maus-tratos a cães e gatos como uma solução aos maus-tratos, se considerarmos que (i) o recrudescimento das penas de reclusão e detenção, que impulsionam o encarceramento em massa, não se mostrou efetivo na garantia de segurança e bem-estar da população em geral, ainda que tenhamos taxas altas de aprisionamento e que (ii) uma tutela especista do bem-estar animal se mostrou igualmente ineficiente ao longo da história da busca por um tratamento ético-jurídico de animais não humanos.

Referências

ALEMANHA. *Bürgerliches Gesetzbuch*, 1881.

ALEMANHA. *Tierschutzgesetz*, 1972.

ARISTOTLE. *Politics*. Trad. H. Rackham. Cambridge: Harvard University Press, 1959.

BEAUCHAMP, Tom. FREY, Raymond G. (eds.). *The Oxford Handbook of Animal Ethics*. Oxford: Oxford University Press, 2013.

BEDAU, Mark; HUMPHREYS, Paul. *Emergence*: contemporary readings in philosophy and science. Cambridge: The MIT Press, 2006.

BEER, Raquel. Por que salvar as abelhas. *Veja on-line*. Disponível em: <http://veja.abril.com.br/ciencia/por-que-salvar-as-abelhas/>. Acesso em: 22 mai. 2016.

BENTHAM, Jeremy. *An introduction to the principles of morals and legislation*. Oxford: Clarendon Press, 1970.

BERKELEY. *Understanding evolution*. Disponível em: <http://evolution.berkeley.edu/evolibrary/article/evo_41>. Acesso em: 22 mai. 2016.

BLACKBURN, Simon. *The Oxford Dictionary of Philosophy*. 2. ed. Oxford: Oxford University Press, 2008.

BOCQUET-APPEL, Jean Pierre. When the world's population took off: the springboard of the neolithic demographic transition. *Science*, Nova Iorque, v. 333, n. 6.042, p. 560-561, jul. 2011.

BRADIE, Michael. "The moral life of animals". In: BEAUCHAMP, Tom. FREY, Raymond G (eds.). *The Oxford handbook of animal ethics*. Oxford: Oxford University Press, 2013.

BRANDOM, Robert. "Study Guide to Wilfrid Sellars". In: BRANDOM, Robert. RORTY, Richard (eds.). *Empiricism and the philosophy of mind*. Cambridge: Harvard University Press, 1997.

BRASIL. Código Civil, 2002.

BRASIL. Constituição, 1988.

BRASIL. Decreto nº 14.529, 1920.

BRASIL. Decreto nº 24.645, 1934.

BRASILEIROS têm 52 milhões de cães e 22 milhões de gatos, aponta IBGE. São Paulo, *G1*, 2 jun. 2015. Disponível em: <http://g1.globo.com/natureza/noticia/2015/06/brasileiros-tem-52-milhoes-de-caes-e-22-milhoes-de-gatos-aponta-ibge.html>. Acesso em: 22 jun. 2015.

BROSNAN, Sarah. DE WAAL, Frans. Monkeys reject unequal pay. *Nature*, v. 425, 2013.

BUCHANAN, Allen. *Better than human*: the promise and perils of enhancing ourselves. Oxford: Oxford University Press, 2011.

______. Moral status and human enhancement. *Philosophy and Public Affairs*, Nova Iorque, v. 37, n. 4, 2009.

BUNGE, Mario. *Emergence and convergence*. Toronto: The University of Toronto Press, 2003.

______. Emergence and the mind. *Neuroscience*, v. 2, Londres, 1977.

______. How does it work? The search for explanatory mechanisms. *Philosophy of the Social Sciences*, v. 31, n. 2, p. 182-210, 2004.

CANADÁ, Conselho Canadense sobre Cuidados Animais. *CCAC 2011 Survey of Animal Use*, dez. 2010.

CARTMILL, Matt; SMITH, Fred; BROWN, Kaye. *The human lineage*. Nova Iorque: John Wiley and Sons, 2011.

CHAN, Sarah. HARRIS, John. "Human animals and nonhuman persons". In: BEAUCHAMP, Tom. FREY, Raymond G. (eds.) *The Oxford Handbook of animal ethics*. Oxford: Oxford University Press, 2013.

CLARK, Stephen R.L. "Animals in classical and late antique philosophy". In: BEAUCHAMP, Tom L. FREY, Raymond G. (eds.). *The Oxford Handbook of Animal Ethics*. Oxford: Oxford University Press, 2013.

CRESCE o mercado para produtos de animais de estimação. Bauru e Marília, *G1*, 10 jan. 2015. Disponível em: <http://g1.globo.com/sp/bauru-marilia/mundo-pet/2014/noticia/2014/12/mundo-pet-cresce-o-mercado-de-produtos-para-animais-de-estimacao.html>. Acesso em: 17 mai. 2015.

DARWIN, Charles. In: STAUFFER, R. (ed.). *Charles Darwin's natural selection*: being the second part of this big species book written from 1856 to 1858. Cambridge: Cambridge University Press, 1975.

DARWIN, Charles. *On the origin of species*: a facsimile of the first edition. Cambridge: Harvard University Press, 1964.

DARWIN, Charles. *The descent of man and the selection in relation to* sex, v. 1. Cambridge: Cambridge University Press, 2009.

DARWIN, Charles. *The formation of vegetable mould through the action of worms*. Chicago: Chicago University Press, 1985.

DAWKINS, Marian. *Why animals matter?* Oxford: Oxford University Press, 2012.

DEGRAZIA, David. *Taking animals seriously*. Nova Iorque: Cambridge University Press, 1996.

DESCARTES, René. "Animals are machines". In: REGAN, Tom. SINGER, Peter (eds.). *Animal rights and human obligations*. Nova Iorque: Prentice-Hall, 1976.

______. Meditações concernentes à primeira filosofia: nas quais a existência de Deus e a distinção real entre a alma e o corpo do homem são demonstradas. In: CIVITA, Victor (ed.). *Os pensadores – XV*. 1. ed. São Paulo: Editora Abril, 1973.

______. *Meditations on first philosophy. With selections from the objections and replies*. Oxford: Oxford University Press, 2008.

DIAMOND, Jared. "Introdução". In: MAYR, Ernst. *O que é evolução?* Trad. Ronaldo Sérgio de Biasi. Sergio Coutinho de Biasi. Rio de Janeiro: Rocco, 2009.

EBEL, Ivana. Pesquisa usa 115 milhões de animais por ano. *Deutsche Welle*, 21 out. 2013. Disponível em: < https://www.dw.com/pt-br/pesquisa-usa-115-milh%C3%B5es-de-animais-por-ano-no-mundo-diz-ativista/a-17174134>. Acesso em: 22 mar. 2020.

ERESCHEFSKY, Marc. Species. In: ZALTA, Edward (ed.). *The Stanford Encyclopedia of Philosophy*. Disponível em: <http://pla-

to.stanford.edu/archives/sum2016/entries/species/>. Acesso em 24 mai. 2016.

______. Darwin's solution to the species problem. *Synthese*, v. 175, n. 3, p. 406, 2010.

ESTADOS UNIDOS, Departamento de Agricultura, Serviço de Inspeção de Saúde de Animais e Plantas. *Annual Report Animal Usage by Fiscal Year*, 28 nov. 2014.

FANTÁSTICO mostra falta de higiene em abatedouros e abate cruel dos gados. Rio de Janeiro, *G1*, 10 Mar. 2013. Disponível em: <http://g1.globo.com/fantastico/noticia/2013/03/fantastico-mostra-falta-de-higiene-em-abatedouros-e-abate-cruel-dos-gados.html>. Acesso em: 10 mai. 2015.

FEIT, Harvey. The ethnoecology of the Waswanipi Cree: or how hunters can manage their resources. In: COX, Bruce (ed.). *Cultural ecology*: readings on the Canadian Indians and Eskimos. Toronto: McClelland and Stewart, 1973.

FELIPE, Sonia T. *Por uma questão de princípios*: alcance e limites da ética de Peter Singer em defesa dos animais. Florianópolis: Fundação Boiteux, 2003.

FERNÁNDEZ-ARMESTO, Felipe. *Então você pensa que é humano?* Uma breve história da humanidade. Trad. Rosaura Eichemberg. São Paulo: Companhia das Letras, 2007.

FRANCIONE, Gary. Animals – property or persons? In: SUNSTEIN, Cass. NUSSBAUM, Martha (eds.). *Animal rights*: current debates and new directions. Oxford: Oxford University Press, 2005.

FRANCIONE, Gary. *Animals, property and the law*. Filadélfia: Temple University Press, 1995.

FRANCIONE, Gary. GARNER, Robert. *The animal rights debate*: abolition or regulation? Nova Iorque: Columbia University Press, 2010.

FRANCIONE, Gary. "The abolition of animal exploitation". In: FRANCIONE, Gary. GARNER, Robert (orgs). *The animal rights debate*: abolition or regulation? Nova Iorque: Columbia University Press, 2010.

GALLUP JR., Gordon G. Chimpanzees: Self-Recognition. *Science*, v. 167, n. 3.914, 1970.

GARRETT, Aaron. "Animals and ethics in the history of modern philosophy". In: BEAUCHAMP, Tom L. FREY, Raymond G. (eds.). *The Oxford Handbook of Animal Ethics*. Oxford: Oxford University Press, 2013.

GOODWIN, Brian. Organisms and minds: the dialectics of the human-animal interface in biology. In: INGOLD, Tim (ed.). *What is an animal?* Londres: Routledge, 1994.

HARAWAY, Donna. Saberes localizados: a questão da ciência para o feminismo e o privilégio da perspectiva parcial. *Cadernos Pagu*, v. 5, 1995.

HARLOW, Harry. DODSWORTH, Robert. HARLOW, Margareth. Total social isolation in monkeys. *Psychology*, v. 54, p. 90-97, 1965.

HARRISON, Ross (ed.). *Bentham*. Londres: Routledge, 1983.

HEY, J. The mind of the species problem. *Trends in Ecology and Evolution*, v. 16, p. 326-329, 2001.

HOBBES, Thomas. *Leviathan*. Indianápolis: Hackett Publishing, 1994.

HOWELLS, William. *Mankind in the making*: the story of human evolution. Harmondsworth: Penguin Publishers, 1967.

HUEBNER, Bryce. "Minimal minds". In: BEAUCHAMP, Tom. FREY, Raymond G (eds.). *The Oxford handbook of animal ethics*. Oxford: Oxford University Press, 2013.

HULL, David. "Historical entities and historical narratives". In: HOOKWAY, Christopher (ed.). *Minds, machines and* evolution. Cambridge: Cambridge University Press, 1984.

INGOLD, Tim. "Humanity and animality". In: INGOLD, Tim (ed.). *Companion Encyclopedia of Anthropology*. Londres: Routledge, 1994.

INGOLD, Tim. "Introduction". In: INGOLD, Tim (ed.). *What is an animal?* London: Routledge, 1994.

JAMES, Susan. "The emergence of the Cartesian mind". In: CRANE, Tim. PATTERSON, Sarah. *History of the mind-body problem*. Londres: Routledge/Taylor and Francis, 2002.

KAMM, Francis. *Intricate ethics*: rights, responsibilities, and permissible harm. Nova Iorque: Oxford University Press, 2006.

KANT, Immanuel. *Groundwork of the metaphysics of morals*. 11. ed. Trad. Org. Mary Gregor. Cambridge: Cambridge University Press, 2006.

KANT, Immanuel. *Lectures on ethics*. Ted. Louis Infield. Nova Iorque: Harper Torchbooks, 1963.

KIRKBRIDE, Julie. Peers use delays to foil hedgehog cruelty measure. *Daily Telegraph*. 3. nov. 2005.

KLEBIS, Daniela. Sem abelhas, sem alimento. *Revista Pré-Univesp*, n. 58, jun. 2016.

KORSGAARD, Christine. Fellow Creatures: Kantian ethics and our duties to animals. *Tanner Lecture on Human Values*. Michigan, 6 fev. 2004.

______. "Interacting with animals: a kantian account". In: BEAUCHAMP, Tom. FREY, Raymond G. (eds.). *The Oxford Handbook of Animal Ethics*. Oxford: Oxford University Press, 2013.

FREY, Raymond G. (eds.). *The Oxford Handbook of Animal Ethics*. Oxford: Oxford University Press, 2013.

LEVAI, Laerte. "Proteção jurídica da fauna". In: *Manual prático da promotoria de justiça de meio ambiente*. São Paulo: Imprensa Oficial do Estado de São Paulo/Ministério Público do Estado de São Paulo, 2005.

LOCKE, John. *An essay concerning human understanding*. London: Oxford University Press, 1964.

LOW, Philip *et al*. *The Cambridge Declaration of Consciousness*. Disponível em: <http://fcmconference.org/img/CambridgeDeclarationOnConsciousness.pdf>. Acesso em: 22 mai. 2016.

MACKINNON, Catherine. "Of mice and men". In: SUNSTEIN, Cass. NUSSBAUM, Martha (eds.). *Animal rights*: current debates and new directions. Oxford: Oxford University Press, 2005.

MICHEL, Margot. KAYASSEH, Eveline. The legal situation of animals in Switzerland. Two steps forward, one step back – many steps to go. *Journal of Animal* Law, v. 7, p. 1-42, 2011. p. 41.

MIDGLEY, Mary. "Persons and non-persons". In: SINGER, Peter (ed.). *In defense of animals*. Oxford: Basil Blackwell, 1985.

MILL, John S. System of logic. Ed. Col. Vols. 7 e 8. Toronto: Toronto University Press, 1996.

______. *Utilitarianism*. Oxford: Oxford University Press, 1998.

MÓL, Samylla. VENANCIO, Renato. *A proteção jurídica dos animais no Brasil*. Rio de Janeiro: Editora FGV, 2014.

MONBODDO, Lord. "Of the origin and progress of language". In: GARRETT, Aaron (ed.). *Animal rights and souls in the Eighteenth Century*. Londres: Thoemmes Press, 2000.

MORRIS, Christopher. "The idea of moral standing". In: BEAUCHAMP, Tom. FREY, Raymond G. *The Oxford handbook of animal ethics*. Oxford: Oxford University Press, 2013.

MULGAN, Tim. *Utilitarismo*. Trad. Fábio Creder. Petrópolis: Editora Vozes, 2012.

NASSAR, Raduan. *Lavoura arcaica*. 3. ed. Rev. São Paulo: Companhia das Letras, 2004.

NASSER CURY, Carolina Maria. STANCIOLI, Brunello. CARVALHO, Nara. LOPES, Laís. "An adequate concept of human body: debunking mind-body dualism". In: STANCIOLI, Brunello. PIETRZYKOWSKI, Tomasz. *New approaches to the personhood in Law*: essays in legal philosophy. Frankfurt am Main: Peter Lang, 2016.

______. & LOPES, Laís. "Para além das espécies: a busca por um conceito juridicamente adequado para os animais no direito". In: ZANITELLI, Leandro M. DA SILVA, Monica N. TAVARES, Silvana. *CONPEDI*: Biodireito e Direitos dos animais II. Florianópolis: CONPEDI, 2015. p. 412-432, p. 421-422.

O'CONNOR, Timothy; WONG, Hong Yu. "Emergent properties". In: ZALTA, Edward. *The Stanford Encyclopedia of Philosophy*. Disponível em: <http://plato.stanford.edu/cgi-bin/encyclopedia/archinfo.cgi?entry=properties-emergent>. Acesso em: 22 jun. 2016.

PATTERSON, Sarah. "How Cartesian was Descartes?" In: CRANE, Tim. PATTERSON, Sarah. *History of the mind-body problem*. Londres: Routledge/Taylor and Francis, 2002.

PIERCE, Jessica. BEKOFF, Marc. *Wild justice*: the moral lives of animals. Chicago: The University of Chicago Press, 2009.

PLUHAR, Evelyn. *Beyond prejudice*: the moral significance of human and nonhuman animals. Durham: Duke University Press, 1995.

POWELL, Russell. "On the nature of species and the moral significance of their extinction". In: BEAUCHAMP, Tom. FREY, Raymond G (eds.). *The Oxford handbook of animal ethics*. Oxford: Oxford University Press, 2013.

PREECE, Rod. "The history of animal ethics in Western Culture". In: BLAZINA, Christopher. BOYRAZ, Güler. SHEN-MILLER, David. *The psychology og the human-animal bond*: a resource for clinicians and researchers. Nova Iorque: Springer, 2011.

RACHELS, James. "Drawing lines". In: SUNSTEIN, Cass. NUSSBAUM, Martha (eds.). *Animal rights*: current debates and new directions. Oxford: Oxford University Press, 2005.

REGAN, Tom. *The case for animal rights*. Los Angeles: University of California Press, 2004.

REINO UNIDO, Estatísticas Anuais dos Procedimentos Científicos em Animais Vivos na Grã Bretanha, 10 jul. 2014.

RITTO, Cecilia. ALVARENGA, Bianca. A casa agora é dos cães – e não das crianças. *Veja*, 4 jun. 2015. Disponível em: <http://veja.abril.com.br/noticia/entretenimento/a-casa-agora-e-dos-caes-e-nao-das-criancas>. Acesso em: 22 jun. 2016.

ROHLF, Michael. Immanuel Kant. In: ZALTA, Edward. *The Stanford Encyclopedia of Philosophy*. Disponível em: <http://plato.stanford.edu/archives/spr2016/entries/kant/>. Acesso em 23 mai. 2016.

ROWLANDS, Mark. "Animals that act for moral reasons". In: BEAUCHAMP, Tom. FREY, Raymond G. (eds.). *The Oxford Handbook of Animal Ethics*. Oxford: Oxford University Press, 2013.

ROWLANDS, Mark. *Can animals be moral?* Oxford: Oxford University Press, 2012.

RYDER, Richard D. Speciesism again: the original leaflet. *Critical Society*, Londres, v. 2, 2010.

SAHNEY, S. BENTON, M. J. FERRY, P. A. Links between global taxonomic diversity, ecological diversity and the expansion of vertebrates on Earth. *Biology*, v. 6, n. 4, p. 544-547, 2010.

SCHWEDER, Richard. "Cultural psychology – what is it?" In: STIGLER, James; SCHWEDER, Richard; HERDT, Gilbert. *Cultural psychology*: essays on comparative human development. Chicago: The University of Chicago Press, 1990.

SENADO FEDERAL. Disponível em:

<http://www25.senado.leg.br/web/atividade/materias/-/materia/121697>. Acesso em: 22 jun. 2016.

SENADO FEDERAL. Disponível em: <http://www25.senado.leg.br/web/atividade/materias/-/materia/123276>. Acesso em: 22 jun. 2016.

SHELDON, Garrett W. *The History of Political Theory*: Ancient Greece to Modern America. Heidelberg: Peter Lang Publishing Inc., 2006.

SINGER, Peter (org.). *Ethics*. Oxford: Oxford University Press, 2004.

SINGER, Peter. *Animal liberation*: the definitive classif of the animal movement. 4. ed. Rev. Amp. Nova Iorque: Harper Perennial Publishing, 2009.

SINGER, Peter. Ética prática. 3. ed. Trad. Jefferson Camargo. São Paulo: Martins Fontes, 2002.

SINGER, Peter. *Libertação animal*: o clássico definitivo sobre o movimento pelos direitos dos animais. Trad. Marly Winckler. Marcelo Cipolla. São Paulo: Martins Fontes, 2013.

SMITH, Christian. *What is a person?* Chicago: The University of Chicago Press, 2010.

SPINOZA, Baruch. *Ethics*. Indianapolis: Hackett Publishing, 1991.

STANCIOLI, Brunello; FODDY, Bennett. *From the necessity of being human to the possibility of being whatever you want*: human enhancement as basic right. Oxford: The Oxford University, [2012], 42 slides, color. Slide 8.

STANCIOLI, Brunello. CARVALHO, Nara. *A pesquisa a partir da construção do argumento jurídico-científico*. Belo Horizonte: Faculdade de Direito da UFMG, [2014]. 32 slides, color. Slide 6.

STANCIOLI, Brunello. *Renúncia ao exercício dos direitos da personalidade, ou, como alguém se torna o que quiser*. Belo Horizonte: Del Rey, 2010.

STONE, M. W. F. "The soul's relation to the body: Thomas Aquinas, Siger of Brabant and the Parisian debate on monophysicism". In: CRANE, Tim. PATTERSON, Sarah. *History of the mind-body problem*. Londres: Routledge/Taylor and Francis e-library, 2002.

THOMAS, Keith. *Man and the natural world*: changing attitudes in England 1500-1800. Londres: Allen Lane, 1983.

TOOLEY, Michael. "Abortion and infanticide". In: FEINBERG, Joel (org.). *Problem of abortion*. 2.ed. Nova Iorque: Wadswoth Publishing, 1984.

TOULMIN, Stephen. *Os usos do argumento*. 2. ed. São Paulo. Trad. Reinaldo Guarany. São Paulo: Martins Fontes, 2006.

UPPSALA Universitet. *What people say about Linnaeus*. Disponível em: <http://www.linnaeus.uu.se/online/life/8_3.html>. Acesso em: 22 jun. 2016.

VAN GULICK, Robert. "Consciousness". In: ZALTA, Edward. *The Stanford Encyclopedia of Philosophy.* Disponível em: <http://plato.stanford.edu/cgi-bin/encyclopedia/archinfo.cgi?entry=-consciousness>. Acesso em: 22 mai. 2016.

ZALTA, Edward (ed.). *The Stanford Encyclopedia of Philosophy*. 2016. Disponível em: <http://plato.stanford.edu/cgi-bin/encyclopedia/archinfo.cgi?entry=mill>. Acesso em: 23 mai. 2016.

WILSON, Fred. John Stuart Mill. In: ZALTA, Edward (ed.). *The Stanford Encyclopedia of Philosophy*. 2016. Disponível em: <http://plato.stanford.edu/cgi-bin/encyclopedia/archinfo.cgi?entry=mill>. Acesso em: 23 mai. 2016.

WOLF, Maryanne. *Proust and the squid*: the story and science of the reading brain. Nova Iorque: Harper Perennial, 2008.

WORLD HEALTH ORGANIZATION. *Schizophrenia Fact Sheet.* Abr. 2016. Disponível em: <http://www.who.int/mediacentre/factsheets/fs397/en/>. Acesso em: 23 mai. 2016.

YOVEK, Yirmiyahu, *Spinoza and Other Heretics*: The Adventures of Immanence. Nova Iorque: Princeton University Press, 1992.

Impresso em novembro de 2020